从零开始学采购

刘 畅◎编著

中国铁道出版社有限公司
CHINA RAILWAY PUBLISHING HOUSE CO., LTD.

内 容 简 介

本书是一本专门介绍企业如何做好采购工作的书籍，综合采购业务流程中的主要内容，对采购人员开展工作提供方法指导。

全书共包括 10 章，主要内容有 3 个部分，第一部分介绍采购工作的入门知识和采购工作的前提与准备，第二部分详细讲解搞定供应商、做采购计划和预算、选择合适的采购方式、签订采购合同及完成采购货款结算等采购工作，第三部分介绍降低采购成本和缩短采购周期的方法等。

本书在讲解过程中，注重理论的易理解性和方法的可操作性，选取了一些贴近实际的案例，对理论知识做详细说明。所以，无论你是想要做好本职工作的采购人员，还是希望深入了解采购工作的企业老员工，都可通过对本书的学习，掌握做好采购本职工作甚至提高采购工作效率的方法。

图书在版编目（CIP）数据

从零开始学采购 / 刘畅编著 .—北京：中国铁道
出版社，2018.8（2022.1 重印）

ISBN 978-7-113-24536-8

Ⅰ . ①从… Ⅱ . ①刘… Ⅲ . ①采购 – 基本知识

Ⅳ . ① F713.3

中国版本图书馆 CIP 数据核字（2018）第 107239 号

书　　名：从零开始学采购

作　　者：刘　畅

责任编辑：张亚慧　　　**编辑部电话：**(010) 51873035　　　**邮箱：** lampard@vip.163.com

封面设计：MXK DESIGN STUDIO

责任印制：赵星辰

出版发行：中国铁道出版社有限公司（100054，北京市西城区右安门西街 8 号）

印　　刷：佳兴达印刷（天津）有限公司

版　　次：2018 年 8 月第 1 版　　2022 年 1 月第 2 次印刷

开　　本：700 mm×1 000 mm　1/16　**印张：**16.5　**字数：**195 千

书　　号：ISBN 978-7-113-24536-8

定　　价：49.00 元

前 言

PREFACE

———————

　　在市场中，生产性企业的职能部门绝对少不了采购部。采购部的重要工作内容就是为企业购进生产所需的原材料或零配件，同时还兼顾采购企业其他经营所需的物资。也就是说，采购部门对企业的各种"购买"行为进行了整合，其作用是企业不能被忽视的。

　　然而，要做好采购工作并不容易，不仅是因为企业日常采购业务繁多，还因为采购部门的工作目的也包括为企业降低采购成本。这就要求采购人员具有一定的采购技能，能够有效地帮助企业节省开销和成本。而实际上，整个经济市场中都缺乏这样的采购人才，大多数采购人员就只能在工作时循规蹈矩地完成采购任务，却不能很好地用较少的钱买到质量较好的物料。

　　因此，要做好企业的采购工作，需要从采购人员的技能培养入手，为企业培养出高素质采购人才，提高采购人员的工作效率，同时为企业降低采购成本，更顺利地完成公司的发展壮大的任务。所以本书是在这样的企业采购工作现状和人才需求情况下决定编写的。

本书包括 10 章内容，具体章节的内容如下所示。

◎ 第一部分：1 ~ 2 章

　　该部分主要介绍了基本采购流程、主要的采购方式、采购人员职责、采购与财务的关系以及采购工作需要注重的问题等内容，帮助读者了解大致的采购工作内容，熟悉采购业务涉及的简单理论知识和采购人员需要具备的能力与素质。

◎ 第二部分：3 ~ 8 章

　　该部分主要讲解了采购业务流程中企业与供应商之间的关系、制订采购计划和预算、各种采购方式的具体实施过程、采购合同的签订以及采购货款的结算等内容，帮助读者全方位了解采购业务的具体工作内容和工作流程。

◎ 第三部分：9 ~ 10 章

　　这一部分重点讲解了降低采购成本和缩短采购周期的办法，对采购工作的内容进行了更深入地探讨，帮助读者掌握更有用的采购工作技能，顺利从一个采购初学者或底层采购人员晋升到高级采购人员。

　　本书语言简洁精练、通俗易懂，简化理论知识的叙述，注重方法和技巧的实用性，将采购工作细致化，以清晰明了的步骤图展示采购工作的具体执行过程。本书内容结构性强，以采购流程为依据，安排所有章节的创作顺序。不仅适合采购工作的初学者参考学习，还适合想要在采购工作方面进行深造的相关专业人员学习使用。

　　最后，希望所有读者都能从本书中获益，帮助您最终成为一名合格的采购经理。由于编者能力有限，对于本书内容不完善的地方希望获得读者的批评指正。

编　者

2018 年 3 月

目 录

C O N T E N T S

第1章 做采购，从这里入门

俗话说"先学后做"。采购一词大多数人都听过，也或多或少有所了解。但如果把采购作为一个职业，一份工作，很多人却知之甚少。因此，要做好采购工作，首先要从专业的角度来了解"采购"，了解采购人员。

第 2 章　懂财务和质量管理是做好采购的前提

采购不是一项简单的工作，就采购本身的工作内容来说，懂得把控产品质量是采购人员的必修课程和必备能力。而就采购的整个流程来说，采购人员还需懂得报价、成本控制和利润核算等财务知识。

第 3 章　搞定供应商，采购就成功了一半

从事采购工作，需要和不同的对象进行接触，比如公司内部采购需求部门、生产部门和外部供应商等。外部供应商是采购人员的货源，也是决定采购工作能否及时和有效地完成的重要环节之一。因此，采购人员要做好采购工作，就必须学会把握和处理与供应商的关系，以满足公司的采购需求。

第4章 做好采购计划和预算

"凡事预则立,不预则废。"这句话表明了事先计划的重要性。要想做好采购工作,提高采购的效率,就必须做好事前计划和预算。否则,采购行为将是盲目的,无法实现采购工作本身的价值,采购结果也将不符合企业追求盈利的基本要求。

4.1 做好计划和预算,让采购更有准备 /76

第 5 章 采购方式——询价与单一来源采购

企业采购部门在实施采购计划时，对于采购的方式也要慎重考虑。不同的材料物资可能适用于不同的采购方式，比如一些特殊性材料，其供货商比较少，则企业的采购方式可能只适合单一来源采购或者询价采购。

第6章 采购方式——招标和竞争性谈判

对于企业来说，除了询价采购和单一来源采购方式外，有些公司还会使用招标采购和竞争性谈判采购的方式进行采购。这两种采购方式运用得更多，且技巧性更强，需要采购人员更加重视并切实掌握其中的实施程序和促成采购的办法，同时也需要采购人员能够正确区分这两种采购方式。

第7章　采购签约，达成供需合作关系

当企业采购人员通过一定的采购方式与供应商完成了采购协商，双方达成共识后，就可正式签订采购合同，确定双方的供需合作关系。在签订采购合同的环节，有很多工作需要采购人员完成，并不是简简单单地签订一个合同就完事了。

第8章 采购结算，银货两讫

采购方需要根据采购合同中约定的付款期限和付款方式向供应商支付货款，无论是一手交钱一手交货，还是先交钱再提货，亦或者先交货再付款，最终都将进行采购结算，达到银货两讫的交易状态，顺利终止采购合同。

第9章 降低采购成本，提升采购专业能力

作为企业采购部门中的一员，采购人员不仅要做好日常采购工作，还要协助公司做好采购成本的控制工作，因此要提高自我采购能力。任何企业都喜欢能为公司省钱的采购人员，对于采购人员来说，提升采购能力，有效帮助企业控制采购成本，也会对自身的职业发展有较大帮助。

第 10 章　订单处理，缩短采购周期

　　采购订单是企业根据产品的用料计划、实际能力和相关因素所制定的切实可行的采购计划，在执行过程中要注意对订单进行跟踪，使企业能从采购环境中购买到所需的物资，同时可合理缩短采购周期，帮助采购人员顺利完成企业的采购工作。

做采购，从这里入门

俗话说"先学后做"。采购一词大多数人都听过，也或多或少有所了解。但如果把采购作为一个职业，一份工作，很多人却知之甚少。因此，要做好采购工作，首先要从专业的角度来了解"采购"，了解采购人员。

1.1
你真的了解采购吗

"术业有专攻"，采购作为一项工作，与其他岗位一样，有自身的专业性，在职责、工作内容和工作方式上都有与其他工作不同的要求。而对于这些，采购人员必须做到心中有数，才能做好采购工作。

除此之外，任何工作都不是独立存在的，需要其他部门和人员不同程度的配合和协作。因此，除了了解采购本身之外，还需要理清采购部门和其他部门的关系，做到心中有数。

1.1.1 做采购，先得知道采购是什么

采购是指个人或企业在一定的条件下从供应市场中获取产品或服务，以其作为个人或企业资源，来满足个人或企业生产、经营需求的经营活动。而本文所指的采购，是基于企业需要而设立的相关岗位以及由岗位所产生的各项工作内容。

采购的含义看似简单，但从不同的角度去理解，却有不同的定义。具体来说，目前对采购的定义主要有以下 3 种不同解释。

◆ 采购是获取资源的过程

采购的本质就是从资源市场获取各种所需的资源。资源市场一般由拥有不同资源类型的大量供应商组成，以满足不同主体的采购需求。

◆ 采购是商流和物流过程的统一

企业采购的目的一般有两个：一是直接销售；二是生产加工后再销售。因此，采购其实是将资源市场中的各种资源转移到消费者手中的过程。在这个过程中，各种资源产品通过企业和消费者之间的等价交换，实现商品所有权转移的过程即是商流过程；而通过运输、存储、包装、装卸和流通加工等手段来实现商品空间和时间位置的转移过程就是物流过程。

◆ 采购是一种经营活动

采购过程会涉及采购成本和采购效益两方面的内容。采购成本是指所采购资源的价格和采购过程中发生的各项费用；采购效益则指企业生产加工产品后的商品销售价格剔除采购成本后的收益。而这两者之间是此消彼长的关系，采购人员和企业要实现采购经济效益最大化，就要做到科学采购，尽可能降低采购成本。

依据不同的划分标准，采购有不同的表现形式。其常见形式主要如表 1-1 所示。

表 1-1　采购的不同形式

标准	形式	概述
方法	战略采购	是一种以数据分析为基础的系统性的采购方法，其注意的要素是最低总成本
	日常采购	是采购人员根据确定的供应协议和条款，以及企业的物料需求时间计划，以采购订单的形式向供应方发出需求信息，并安排和跟踪整个物流过程，确保物料按时到达企业，以支持企业正常运营的行为
	采购外包	是指将采购业务外包给第三方采购机构
目的	消费采购	主要指个人行为的采购，是个人以消费为目的而获得物品的所有权或使用权，并付出相应代价的行为
	工业采购	主要指企业行为的采购，是企业或单位为满足生产和经营活动的正常运行而进行的采购行为

续表

标准	形式	概述
对象	有形采购	是指以机器设备、办公用品、原材料、低值易耗品、半成品、零部件、成品以及维护和修理运营用品为采购对象的采购形式
	无形采购	是指对劳务和一些专有技术的采购，如寻求法律咨询。无形采购一般不单独发生，往往伴随着有形采购进行

1.1.2 基本的采购流程不能乱

要顺利完成一项采购工作，采购人员必须要了解采购的整个流程，并在此基础上把握好每个环节、每处细节，这样才能做好本职工作。

采购的具体流程设置会因为企业的状况和岗位情况的不同而有所差异，但一般情况下，企业采购的基本流程以图1-1所示的基础。

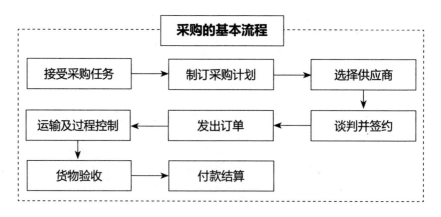

图 1-1

下面来看看图中的每一个环节的具体内容。

（1）接受采购任务

接受采购任务是采购流程的第一步。采购任务一般由采购部门领导根据企业的采购需求进行分派，或根据部门采购计划进行安排。

（2）制订采购计划

采购计划一般是采购人员根据接受的采购任务制订的，是对采购任务的分解和进一步明确。一个完整的采购计划应包括商品名称、规格型号、采购数量、价格和费用、计划到货日期和验收标准等要素。

（3）选择供应商

供应商即采购物品的来源，应根据采购任务内容选择合适的供应商。具体来说，采购的目标产品、规格型号及价格都要与供应商相匹配，同时供应商的生产或供给能力也要满足采购需求。

（4）谈判并签约

选择好供应商之后，需要就采购价格、结算方式、交货日期、采购数量以及违约事项等要素与供应商进行谈判，在双方就所有合同要素都达成一致之后，签订正式的采购合同。

（5）发出订单

与供应商完成签约之后，采购人员就可以针对采购事项向供应商发出正式订单，供应商根据订单准备货物或进行生产。订单的内容必须详细具体，应包括采购产品名称、规格型号、颜色、大小、数量、质量、产品说明、采购价格、交货期限、付款方式和交货地址等要素。

（6）运输及过程控制

运输一般由供应商负责，并在备齐采购货物之后，交货日期之前

进行。在这个过程中，采购人员的主要职责是对运输过程进行控制，保证采购货物准时、及时交付。

（7）货物验收

货物验收是采购的关键环节，直接关系着采购质量。供应商将货物送达之后，采购人员需要配合仓管人员依据一定的质量检验标准，对货物的品质、数量、规格型号等各个要素进行审查，审核结果与采购任务要求一致方可进行验收，否则应退回给供应商，直至合格为止。

（8）付款结算

货物验收完成之后，采购人员需将采购过程中产生的各类票据和订单提供给企业财务部门，以便其按约定向供应商完成采购货款的结算。

从企业内部来看，采购业务流程可能又会有所不同，以下为某企业内部的具体采购业务流程，如图1-2所示。

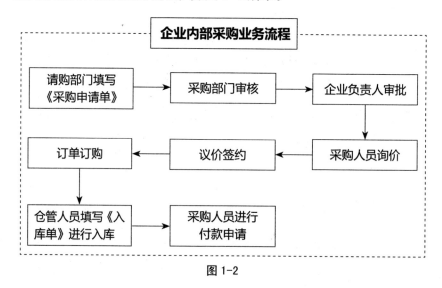

图1-2

依据以上流程，该企业还对流程的每个环节实施了具体的控制手段，具体内容如表1-2所示。

表 1-2　采购流程控制

流程	控制措施说明
请购部门填写《采购申请单》	请购部门填写的申请单一定要保证内容完整、描述准确，否则会因通不过采购部门的审核而被退回
采购部门审核	采购部门应首先将请购产品与库存进行核对，看是否需要进行采购。经审核确需采购的，应对请购部门的申请单内容进行审核，审核要素主要为申请单内容填写是否完整无误，各项描述是否准确
企业负责人审批	企业负责人主要以《采购申请单》和采购部门的审核意见为依据，对采购事项进行最终审核，决定是否可以采购
采购人员询价	采购事项经过负责人审核后，采购人员就要对采购事项向供应商进行询价。在这个过程中，应要求供应商在规定时间内给出报价，以保证询价的时效性。此外，还应保证供应商给出的报价单所有要素与采购要素完全一致
议价签约	若询价的供应商有多家时，采购人员应将所有报价情况向部门领导汇报，选择最终的供应商，并完成签约
订单订购	签约完成后，采购人员应依据采购内容制作标准的订单，正式向供应商发出订购通知
仓管人员填写《入库单》进行入库	货物到达之后，仓管员根据《采购申请单》和实际到货进行核对，根据验收结果填写《入库单》，自留一份，其余分别交由采购部门和财务部门登记入册
采购人员进行付款申请	验收合格后，采购人员应填写《付款申请单》，经部门负责人审批、会计人员核账、企业负责人审批及财务部门负责人同意后由出纳人员进行付款

1.1.3　明确你的原则，不做无用功

有原则才有标准，才能准确完成采购任务。采购是一项经济活动，这也要求采购人员必须遵循一定的原则和标准，才能保证采购的经济性和效益最大化。

5R 原则是采购人员必须遵循的基本原则，其目的是使采购效益最大化。它的具体含义就是在适当的时候，以适当的价格从适当的供应商手里买回所需数量的物品。

5R 原则的 5R 是指适时（Right time）、适质（Right quality）、适量（Right quantity）、适价（Right price）和适地（Right place），其中每一项内容对采购人员的要求各不相同。

（1）适时（Right time）

适时主要是指采购人员要保证交货准时。供应商、企业和客户之间是否能形成良性的关系循环，很大程度上取决于交货时间是否及时。若供应商能按约定时间交货、企业能按计划如期完成生产、客户能如期获得产品，这就能形成良性循环。

若供应商不能及时交货，企业将不能按期完成生产，无法按时出货，最终会引起客户的强烈不满，影响企业和客户之间的关系，同时企业也不会再选择给其带来损失的供应商。因此，如果做不到适时，最终影响的是企业、供应商和客户三方之间的关系。所以，采购人员要明确这一点，并采取各种手段不断促使供应商及时交货，做到适时。

（2）适质（Right quality）

质量是产品的灵魂，也是企业赖以生存和盈利的基石，一个连产品质量都无法保证的企业，最终也无法在竞争激烈的市场中立足。若采购物品质量达不到标准，会徒增采购人员的工作量，降低采购效率，影响企业生产的最终产品的质量。具体来说，采购质量不过关会对企业造成以下不利后果。

◆ 导致生产线返工，降低产品质量及生产效率。

◆ 导致生产计划推迟，不能按期向客户交货，降低客户对企业的信任，影响企业信誉。

◆ 因产品质量问题引起客户退货，给企业带来巨大损失，甚至因此失去大量客户。

◆ 导致企业内部花费大量的时间与精力去处理退换货等问题，会增加大量的管理费用，同时还会因重检而产生额外的检验费用。

要做到适质，除了要知晓采购质量不过关会带来的一系列不利影响外，还要建立适当的品质标准，以准确判断产品适质与否。如图1-3所示为品质标准的3个方面。

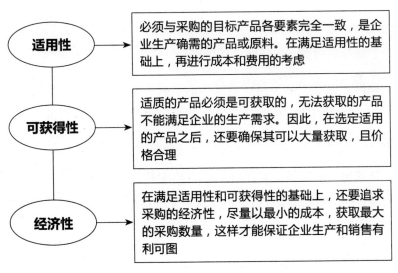

适用性	必须与采购的目标产品各要素完全一致，是企业生产确需的产品或原料。在满足适用性的基础上，再进行成本和费用的考虑
可获得性	适质的产品必须是可获取的，无法获取的产品不能满足企业的生产需求。因此，在选定适用的产品之后，还要确保其可以大量获取，且价格合理
经济性	在满足适用性和可获得性的基础上，还要追求采购的经济性，尽量以最小的成本，获取最大的采购数量，这样才能保证企业生产和销售有利可图

图1-3

（3）适量（Right quantity）

适量就是要确定合适的采购数量，不能过多，更不能过少。采购数量过多，会增加采购款项，减少企业流动资金，产生大量库存，增加企业的沉没成本，使企业处于被动地位；采购数量过少，将无法满足生产和销售的需求，直接影响企业效益。因此，采购人员在确定采

购数量时要严格以实际需要为标准，确保所采购的产品数量刚好满足所需，或适当有所盈余。

（4）适价（Right price）

适价即合适的价格。采购价格直接影响企业成本，能在预期采购成本的基础上为企业节约一部分采购资金，便是采购人员能力的体现。为此，采购人员需要做到以下几点，以确定合适的价格。

多供应商报价。报价不应局限于某一家或两三家供应商，而应该同时让数家满足采购要求的供应商进行报价，以了解报价整体水平。除此之外，还应增加新供应商的报价，这样可以使采购人员了解到市场当前最新的报价，以获取最优价格。

比价。应建立在多供应商报价的基础上，从中选择价格最优的几家进行沟通协商。比价时需要注意将不同供应商的不同报价形式转化为相同的，这样才能以同一个标准进行优劣判断。

先议价，后定价。对比价后确定出的几家供应商逐一进行议价，争取最大的价格空间，并最终确定两三家价格较优的供应商进行定价。

（5）适地 (Right place)

适地即合适的距离。由于采购人员需要对采购过程进行控制，因此应尽量选择距离较近的供应商，便于实地查看备货进度，控制采购质量和交货时间，同时还能降低运输成本。

1.1.4 采购方式不止一种

采购方式是采购的具体实施形式，方式不止一种，不同企业、不同的采购目的和内容决定了不同的采购方式。采购方式一般由采购人员确定，采购部门负责人及企业负责人审批。具体来说，采购的方式及其适用的条件如表 1-3 所示。

表 1-3　不同采购方式及其适用条件

方式	含义	适用条件
招标	分为公开招标和邀请招标。公开招标是企业以招标公告的方式确定报价方式、品质、投票手续、运输和交货日期等要素，邀请不特定的厂商投标；邀请招标，是企业以投标邀请书的方式邀请特定厂商投标	公开招标适用于供应商较多且分布范围广，以及与过去的采购项目完全不相关的情况；邀请招标适用于只有少数几家潜在投标人可供选择，或公开招标费用高于招标项目价值，是不值得公开招标的小型项目的情况
议价	与少数或个别供应商直接进行面对面地讨价还价	适用于以个别邀约方式请少数供应商报价或只有个别供应商能满足所需采购条件的情况
询价	采购人员向 3 个以上供应商发出询价通知，在满足采购需求，保证采购质量的前提下，选择价格最优惠的供应商的方式	适用于技术标准和规格统一的现成货物和服务，且供应市场成熟，货源充足，单价相互差别不大的情况
比选	采购人员公开发出采购信息，邀请多个供应商进行报价并提供实施方案，最终择优选择供应商的方式	适用于金额较小，达不到招标采购标准，或时间紧迫，具有公开性要求，既要对比价格，又要对比供应商实力的情况
磋商	也叫竞争性谈判，是指采购人员同时向多家供应商发出谈判文件，通过报价、还价和承诺等环节确定采购要素，最终以价格最优的原则确定供应商的方式	适用于受采购时间、技术标准和市场范围等因素限制，采购供应双方彼此了解不够充分的情况
单一来源采购	也叫直接采购，是采购人员直接向唯一的供应商进行采购的方式	单一来源采购方式下采购方处于不利地位，仅适用于紧急采购和需采购的物品只能由特定供应商提供且没有其他选择或替代的情况

1.1.5　正确认识并处理与其他部门的关系

采购作为企业内部的一个部门和工作岗位，不能独立存在，一项采购任务的完成，需要多个部门的配合和协调。因此，采购人员必须正确认识和其他部门的关系，并协调好各方关系。

下面具体讲解采购部门与其他几个重要部门的关系，以及采购人员应该怎样来维护和协调。

◆　采购与生产部门的关系

生产部门是采购最重要的内部客户。一方面，采购以生产部门提交的采购需求为基础，制作并交付采购订单，按照采购流程完成采购，以满足生产部门的生产需求。另一方面，采购的质量决定生产的质量，采购的交付日期决定生产能否如期进行。因此双方相互制约和影响，必须协同合作，对生产和采购计划中的变动进行及时沟通，适时调整，才能对双方都有利。

◆　采购与品质部门的关系

品质部门是企业负责商品质量把控的部门。在采购工作中，采购人员应与品质部门实现事前的充分沟通，了解品质标准，以保证采购产品的合格性。同时，品质部门负责产品检验以及将检验结果告知采购人员。此外，由于采购人员直接与供应商接触，因此能帮助品质部门建立一套针对供应商的品质评价标准。

◆　采购与财务部门的关系

财务部门是采购人员完成采购任务必须接触的部门之一。财务部门负责采购款项的支付结算，采购人员需要充分了解付款申请的条件，向财务部门提供完整资料，以完成付款。同时，财务部门的账务负担能力又会影响采购工作的开展。

1.2
采购人员知多少

采购作为一个工作岗位，有明确的岗位要求和晋升机制，也有其自身的岗位特点。采购人员只有充分了解这些内容，才能真正做到对采购工作负责，对自己负责。

1.2.1 身为采购人员的专业优势在哪里

任何工作都要求岗位人员具备一定的专业能力，采购也一样。要做好采购工作，采购人员就必须满足采购岗位对其专业能力的要求，这也是采购人员相对其他岗位人员的自身优势。

由于采购工作还需要协调内外部各方的关系，因此，这要求采购人员要有较强的综合能力。具体来说采购人员需具备以下知识和能力。

◆ 业务基础知识

采购人员必须具备的业务知识主要包括商品知识（包括商品品质、用途、成本和功能等方面）、购销谈判知识和合同知识等。只有对所需的采购产品有充分认识，才能保证采购质量和有效性；丰富的购销谈判知识可以帮助采购人员向供应商争取尽可能低的采购价格；掌握一定的合同知识，才能对合同条款的公平性和有效性作出有效审核，才能维护自身和企业的合法利益。总之，只有掌握了基础的业务知识，才可能履行好采购岗位的基本职责。

◆ 分析能力

具有较强分析能力的采购人员可以将一个看似不具体的采购任务细化成可实施的采购工作，同时还能结合市场状况、市场中消费者的需求以及供货商的销售心理等要素，分析采购任务的可行性和效益，使采购产品与市场状况和需求相符。此外，采购人员还应具有对采购产品的成本进行准确分析的能力。

◆ 沟通协作能力

采购任务的完成离不开内外部的协作。在企业内部，采购人员需要和生产部门、品质部门及财务部门等进行沟通；在企业外部，采购人员需要和不同的供应商进行沟通协作，以保证采购事项的顺利进行，所以采购人员还需具备一定的沟通协作能力。

◆ 表达能力

表达能力是影响沟通效果的直接和关键因素。不管是内部沟通，还是外部沟通，在表达过程中都要准确，否则，可能因表达错误或存在异议影响整个采购工作的进行。特别是与供应商沟通时，若采购人员对产品规格、数量、要求和交货期限等表达不清，就会直接影响整个交易。

1.2.2 你知道不同采购岗位的任职资格和岗位职责吗

采购部门有不同的岗位，采购人员要在采购行业中长期发展，就要知道企业内部的岗位设置和晋升机制，据此做好自己的职业规划。通常来说，采购部门的人员设置包括采购专员到采购总监在内的所有岗位，而采购人员的职位晋升，一般会经历采购专员→采购主管→采购经理→采购总监助理→采购总监的过程。不同的企业，对于具体岗位的命名可能会有所不同。

下面就来了解一下，不同采购岗位的任职资格和岗位职责是怎样的，便于采购人员明确要想获得晋升需要满足什么样的条件，并为此承担什么样的责任，如表 1-4 所示。

表 1-4　不同采购岗位的一般任职资格及岗位职责

岗位	任职资格	岗位职责
采购专员	1. 大专及以上学历； 2. 采购管理、物流管理或贸易等相关专业； 3. 熟悉整个采购流程； 4. 能独立进行分析和解决采购过程中出现的各种问题； 5. 良好的逻辑和沟通协作能力； 6. 一定的产品知识储备； 7. 较强的学习能力； 8. 熟练使用办公软件； 9. 掌握与采购相关的法律法规知识	1. 按照采购任务和采购需求制订并下达采购计划； 2. 负责采购任务的具体实施及过程中的所有事项； 3. 协调采购过程中企业内部各部门的关系； 4. 与供应商保持良好关系； 5. 定期进行库存分析，合理控制库存； 6. 了解物料的市场行情和价格变动情况
采购主管	1. 大专及以上学历； 2. 采购管理、物流管理或工商管理等相关专业； 3. 熟悉供货商供货渠道及操作模式； 4. 较强的谈判能力； 5. 掌握合同管理知识； 6. 具备把控产品质量的能力； 7. 具备识别和选择不同供应商的能力； 8. 具备成本控制能力； 9. 具备管理、决策和沟通能力	1. 选择和评估供应商； 2. 为采购专员安排采购任务； 3. 负责采购部门各项工作的具体实施； 4. 审核《采购申请单》； 5. 控制采购质量； 6. 寻找和开发新的供应商渠道； 7. 指导采购专员开展工作； 8. 协助采购经理的工作
采购经理	1. 本科及以上学历； 2. 很强的管理、沟通、协调及风险管理能力； 3. 丰富的采购经验和知识； 4. 很强的谈判能力； 5. 熟悉产品质量评价标准； 6. 很强的决策和判断能力； 7. 3 年以上采购工作经验	1. 制定采购部门相关制度； 2. 制订采购部门的总体计划； 3. 全面协调部门内的各项工作； 4. 部门内人员岗位和工作分配； 5. 控制部门工作进度，把握工作质量； 6. 对采购主管和采购专员进行考核； 7. 向上级汇报部门工作，反馈工作难点

续表

岗位	任职资格	岗位职责
采购总监助理	1. 本科及以上学历； 2. 采购类、管理类、物流类及相关专业； 3. 5年以上工作经验； 4. 熟悉供应链管理； 5. 熟悉不同的供应商渠道； 6. 很强的成本控制能力	1. 协助采购总监完成各项工作； 2. 协助采购总监进行供应链管理； 3. 协助采购总监拟定采购计划，进行成本控制； 4. 进行供应商渠道开发； 5. 其他
采购总监	1. 本科及以上学历； 2. 管理类或采购管理类相关专业； 3. 极强的管理和决策能力； 4. 5年以上采购工作经验； 5. 3年以上采购管理工作经验； 6. 熟悉供应链管理和供应商渠道开发； 7. 极强的协调和统筹能力	1. 全面把控采购部门的所有工作； 2. 对采购总监助理、采购经理、采购主管和专员等进行最终考核； 3. 审核部门内的各项工作制度； 4. 部门内各事项的审批； 5. 优化部门工作流程，控制成本，实现采购效益最大化； 6. 对部门内岗位调动和晋升出具意见； 7. 其他

采购人员需要注意的是，表1-4中的任职资格和岗位职责只能作为一个参考，因为每个企业在实际运营中因企业性质和业务方向等因素的影响，对采购人员的要求或多或少会有所差异。但只要采购人员根据企业和部门的具体要求，从专业、经验和能力等各个方面去不断学习和积累，就一定能胜任岗位职责，并如愿得到晋升。

1.2.3 像销售一样做采购

对于大多数行业来说，客户都是其赖以生存的基础，采购也一样，采购不是最终目的，采购后生产制造并销售获得盈利才是企业的最终目的。"像销售一样做采购"，就是要求采购人员保持以客户为中心的心态，维护客户利益，从而更好地维护企业和自身利益。

世界性连锁企业沃尔玛就始终秉承"以客户为中心"的理念。它的创始人山姆·沃尔顿有这样一句经典名言："我们都是在为顾客服务，也许你会想到你是在为你的上司或经理工作，但事实上他也和你一样，在我们的组织之外有个大老板，那就是顾客，顾客至上。"

大多数人的最终工作对象都是顾客，采购人员也是一样，不过企业性质和业务类型不同，岗位不同，客户对象也会有所区别。对于采购人员来说，其客户对象有多个，就企业内部来说，采购产品的需求部门是其客户；就企业外部来说，所有产品的销售对象都是其间接客户。除此之外，还可将供应商看作是一类外部客户。

因此，采购人员要做到"以客户为中心"，就要充分考虑内外部所有客户的需求，以内部需求部门的实际需要为中心，可以使采购的产品或原材料真正满足其生产或销售需要；以产品销售对象的需求为中心，就会充分考虑采购的质量和时效，从而真正为客户提供保质、保量、保时的产品；考虑到供需双方的长期合作，就会充分协调双方的关系，以使双方互惠互利。

相反，若做不到"以客户为中心"，特别是不顾及产品销售对象的利益，那么不仅对采购人员的工作不利，还会给企业带来不可挽回的损失。

可以毫不夸张地说，企业的生死存亡、繁荣落魄全都依赖于客户。没有客户的信赖，企业将难以在市场上生存，更别说员工个人在工作中得到发展。

因此，无论何时，采购人员都要谨记"以客户为中心"的工作理念，尽可能地维护客户利益，这也是维护自身利益和企业利益的前提。这不仅是对企业和客户负责，更是对自己负责，是自己职业素养的体现。

1.2.4 采购人员的绩效考核

没有考核就没有判断依据。绩效考核是部门领导和企业衡量员工工作业绩的手段，同时，绩效考核结果往往与各部门员工的绩效收入直接挂钩，采购人员的工作能力和工作质量的考核以及工资高低也都与绩效考核相关，直接影响其切身利益。

不同企业，对采购人员的要求侧重点不同，其考核指标也会有所差异，表1-5所示为某企业采购部门的绩效考核表。

表1-5　某企业采购部月度绩效考核表

指标类型	关键业绩指标（KPI）	权重	考核依据	得分
财务指标	采购成本控制	10%	实际成本率	
	应付账款的准确性和及时性	5%	差错率和延误	
	采购计划完成情况	10%	实际完成率	
	大宗采购任务完成情况	10%	实际完成率	
	采购不合格次数	5%	质量不合格次数	
	采购退货次数	5%	退货次数	
	采购交货期延误次数	10%	交货期延误次数	
	开发新供应商的情况	5%	新供应商的数量	
	未及时处理采购问题的次数	5%	未及时处理采购问题的次数	
	企业内部其他部门投诉次数	5%	内部投诉次数	
	上级领导满意度	5%	满意度调查	
学习成长指标	自主提高业务技能的能力	5%	计划完成情况	
	部门工作完成情况	5%	书面报告	

续表

指标类型	关键业绩指标（KPI）	权重	考核依据	得分
内部运营指标	就岗位工作提出建议的次数	5%	提交书面材料	
	工作资料保存完整性	5%	档案管理制度	
	工作态度和操守	5%	玩忽职守、违规操作次数	
合计		100%		
修改调整情况				
被考核人签名：		考核人签名：		

针对以上考核指标，企业内部的考核流程如图 1-4 所示。

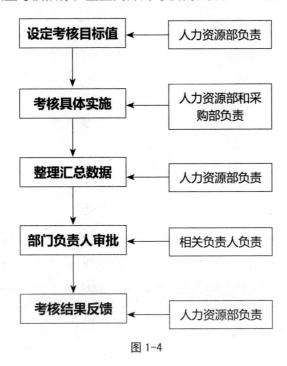

图 1-4

懂财务和质量管理是做好采购的前提

采购并非是一项简单的工作，采购人员也并不是只要懂得采购流程和方法就可以在岗位上如鱼得水。就采购本身的工作内容来说，懂得把控产品质量是采购人员的必修课程和必备能力。而就采购的整个流程来说，采购人员还需要懂得报价、成本控制和利润核算，这就会要求其掌握一些财务知识。

2.1

采购人员必懂的财务知识

与财务有关的内容在日常生活和工作中随处可见，小到平时生活中买卖商品的资金收付，大到企业经营过程中的成本核算和控制，都属于财务范畴，只是简单和复杂的区别。

而在采购人员的工作中，也或多或少会涉及相关的财务知识，若对其没有了解，就不能及时准确地处理与财务有关的工作事项，从而影响采购人员的工作，甚至导致部门和企业负责人对采购人员的能力产生怀疑。

2.1.1 价格并没有那么简单

采购人员的工作会涉及采购价格的谈判，但很多人都不知道采购价格的具体内容，而仅仅将其当作一个纯粹的数字看待，尤其是初入门的采购人员，更是对其知之甚少。

从其含义上来看，采购价格是企业或采购人员在进行具体采购事项时，与供应商之间通过询价、议价或谈判等方式确定的所需采购的物品和接受服务的价格。采购价格受多方面因素影响，具体来说主要有以下几类。

◆ 供应商成本的高低，一般与采购价格成正比关系。

◆ 规格与品质，一般与采购价格成正比关系。

◆ 采购物品的供需关系，若其他因素不变，则供过于求，采购价格低，供不应求，采购价格高。

◆ 生产季节与采购时机，在生产季节进行采购，则价格相对较低，反之价格较高。

◆ 采购数量，采购数量越多，越容易争取折扣和优惠，价格越低。

◆ 交货条件，交货条件限制越多，价格越高，反之越低。

◆ 付款条件，付款条件越宽松，价格越低，反之越高。

采购价格并非只有一个，不同交易条件可能对应不同的采购价格种类，采购人员必须准确判断。常见的采购价格类型如表 2-1 所示。

表 2-1 采购价格类型

价格	概述
送达价	又称为到厂价，是指采购价格中不仅包括采购产品或服务的价格，还包括运送产品时产生的各种费用，该价格常用于国内采购商向国外供应商采购产品。此时，送达价即是到岸价加上在出口厂商所在地到港口的运费和货物抵达买方之前的一切运输保险费的总和，其他费用有进口关税、银行费用、利息以及报关费等
出厂价	与送达价相反，出厂价中不包含运输过程中的任何费用，供应商也不承担运送责任。该价格通常用于采购方拥有运输工具或供应商加计的运费偏高，或处于卖方市场，供应商在交易上处于有利地位，不再向采购方提供免费的运送服务
现金价	即现金交易的价格，是指以现金或相等的方式支付货款，即"一手交钱，一手交货"。这种交易方式并不常见，零售行业通常的交易习惯为月初送货、月中付款，或月底送货、下月中付款，也视同为现金交易，并不加计延迟付款的利息。采用现金交易可使供应商规避交易风险，采购企业也可因此享受现金折扣。例如，供需双方的交易条件为 2/10，n/30，即表示 10 天内付款可享受 2% 的折扣，30 天内必须付款
期票价	指采购企业以期票或延期付款的方式来采购产品，此时供应商通常将延迟付款期间产生的利息加计在商品售价中。将货款加计利息变成期票价，可以用贴现的方式计算价格
净价	是指供应商实际收到的货款，不包含交易支付过程中产生的任何费用，供应商通常会在报价单条款中写明

续表

价格	概述
毛价	是指当采购企业满足某些条件时，供应商可以进行报价折让。例如，面对大量大额采购时，给予一定百分比的折扣
合约价	是指买卖双方按照合同或协议约定的价格进行交易，合约价格涵盖的期间与合约签订的期间一致。由于合同约定时间与实际交易时间有一定差异，因此以合约价交易往往会发生合约价和现货市场价不一致的情况，且时差越大，价格差异的可能性也越大。此时，交易双方就可能因此而产生利益冲突。为了控制这类风险，就必须保证合约价有客观的计价方式或定期修订，这样才能维持公平、长久的买卖关系
现货价	是指每次交易时，由买卖双方重新议定价格，若签订了合同，则在完成交易后即告终止。现货价是目前使用最为频繁的一种采购价格，该交易价格下，双方可以根据实时的行情确定具体价格，规避了在签订合同后因行情或市场变化导致价格变动而给交易双方带来不利影响的风险，维护了双方的利益
定价	买卖双方约定的价格，可能是合约定价，也可能是口头定价
实价	是指采购企业实际支付的价格。很多供应商为了达到促销的目的，通常会向采购方提供各种优惠条件，如数量折扣、免息延期付款、免费运送等，这些优惠都会降低采购企业的采购价格

2.1.2 有买卖，就有成本

很多采购新人会直接将采购成本和采购价格画上等号，认为采购成本就是指采购价格。但实际上，采购价格只是采购成本的一项构成要素，是成本的主要部分，但不是全部。大多数人对于采购成本都存在一些认识误区，集中表现在以下 3 个方面。

◆ **误区一**：采购成本就是采购价格，越低越好。

◆ **误区二**：进行成本管理就是谈判和压价。

◆ **误区三**：供应商的成本我们永远不清楚，我们只能货比三家。

要走出采购成本认识误区，就要知道成本的具体构成要素。通常来说，采购成本由采购价格、相关税费、运杂费（包括运输费、保险费、包装费和装卸费）及其他应计入采购成本的费用构成。

其中，相关税费通常指采购过程中发生的增值税，而供应商的企业类型不同，采购过程中产生的增值税额也会不同，因此采购人员需要懂得怎样通过选择合适的供应商类型来合理减少税费，降低采购成本。下面来看一个案例。

某服装生产企业为增值税一般纳税人，适用增值税税率17%，预计每年可实现含税销售收入500万元，同时需要外购棉布150吨。现有A、B两个供应商，其中A为生产棉布的一般纳税人，能够开具增值税专用发票，适用税率16%，B为生产棉布的小规模纳税人，适用税率3%，能够委托主管税务局代开增值税征收率为3%的专用发票，A、B两个供应商提供的棉布质量相同，但是含税价格却不同，分别为1.5万元/吨、2万元/吨。此时，采购人员就可根据两者的区别，选择增值税纳税额较低的供应商。

从A、B两个企业采购棉布所需缴纳的增值税计算如下。

①从A供应商处采购所需缴纳增值税额为：

应纳增值税额 $=500/(1+16\%)\times16\% - 150\times1.5/(1+16\%)\times16\%$

≈37.93（万元）

②从B供应商处采购所需缴纳增值税额为：

应纳增值税额 $=500/(1+16\%)\times16\% - 150\times2/(1+3\%)\times3\%$

≈60.23（万元）

从案例可以看出，面对不同的供应商类型，其产生的应纳增值税额差异较大。因此，当供应商提供的产品质量一致时，采购人员应优先选择企业性质为小规模纳税人的供应商，以降低增值税额。

　　除此之外，在实际的采购过程中，采购人员还会遇到同时采购多种产品或材料的情况，此时就会涉及费用和成本分摊的问题。该种情况下，采购人员也需要知道怎样计算采购的成本。下面也通过一个实例来讲解。

　　某采购员采购一批材料，其中 A 材料 700 千克，价格 30000 元，进项税额 5100 元；B 材料 300 千克，价格 8000 元，进项税额 1360 元。两种材料共产生运输费用 3000 元，问：若按两种材料的重量来分配运输费用，则两种材料的成本分别为多少？

　　两种材料共同承担运输费，按各自重量分配运输费用，其采购成本计算过程如下。

　　①计算运输费用分配率：

　　分配率 = 运输费用总额 ÷ 各种材料的总重量

　　　　　　 = 3000 ÷（700+300）= 3

　　②分别计算 A 材料和 B 材料应该负担的运输费用：

　　某材料应承担的运输费用 = 该种材料的重量 × 分配率，则：

　　A 材料运输费用 = 700 × 3 = 2100（元）

　　B 材料运输费用 = 300 × 3 = 900（元）

　　③分别计算 A 材料和 B 材料的采购成本：

　　材料采购成本 = 买价 + 税费 + 运输费用，则：

　　A 材料采购成本 = 30000+5100+2100 = 37200（元）

　　B 材料采购成本 = 8000+1360+900 = 10260（元）

　　除了可以按重量分摊共同产生的费用之外，还可按价格进行分摊，其分配率的计算公式为：分配率 = 共同产生的费用总额 ÷ 各种材料的总价格，由此得出的某一类材料应分摊的费用计算公式为：某材料应

承担的共同费用 = 该种材料的价格 × 分配率。此外，采购过程中除了可能产生共同的运输费用之外，还可能出现共同的运杂费、包装费和装卸费等，其计算方式与共同运输费用的计算相似。

2.1.3 学会利用采购的利润杠杆效应

所谓利润杠杆，是指企业通过以小博大的方式，以较少的成本支出，来获取较大的利润提升。将利润杠杆放在采购工作中，就是采购人员通过节省采购成本，为企业获取较大利润提升空间的过程。具体来说，采购的利润杠杆效应主要体现在以下 3 个方面。

◆ 节约实际成本，直接显著提高营业利润。

◆ 通过合理的管理和物流，实现企业更高、更快的资本周转。

◆ 通过实现产品的标准化、降低质量成本和缩短产品交货时间等间接方式来提升公司的竞争力。

利润杠杆效应是衡量采购工作绩效最直接的一种手段，好的采购人员能为企业创造利润，获得潜在的市场资源。质量过关且具有价格优势的产品必然有着非常广阔的市场前景，因此很多企业都将采购作为重要的利润源之一。因此，作为采购人员，也必须充分认识并利用这一点，向部门或企业负责人展示自己的能力，为自己赢取更大的发展空间。

为了帮助采购人员更好地理解利润杠杆具体通过怎样的方式发挥作用，下面通过一个例子来说明。

某公司销售额为 2000 万元，利润率为 15%，采购成本占销售额的 60%，那么其采购成本降低 1% 会有什么影响呢？利润是不是也增长了 1% 呢？其利润杠杆效应是怎样发挥作用的呢？

采购成本 = 2000 × 60% = 1200（万元）

利润 = 2000×15% = 300（万元）

采购成本降低1%后，采购成本节约额、利润增长额以及利润杠杆率的计算分别如下：

采购成本节省额为：1200×1% = 12（万元）

利润增长额为：12/300 = 4%

利润杠杆倍数为：4%÷1%=4

这意味着，采购成本每降低1%，利润就会增长4%。

而在高成本、低利润的行业，这个杠杆效应的作用将会更明显，杠杆倍数会更大。

所以，采购工作在企业中是极其重要的，采购人员的能力会很大程度地影响公司的营业利润，要让采购部门成为企业赚钱的部门而不是花钱的部门。要做到这一点，就需要采购人员明确自身的职责，不断增强自身能力，尽可能地为企业节省成本，创造利润，熟练利用采购的利润杠杆效应。

2.2
业在于精，质量是产品的灵魂

产品的核心价值在于质量，没有质量的产品，就如同徒有其表的人，看似华丽美好，却没有实质的内容，经不起推敲。因此，采购质量的把控对于采购人员来说极为重要。但是，做好质量把控也不是件容易的事，需要采购人员具备丰富的产品知识，熟悉质量把控的不同方式，并能熟练处理这个过程中可能出现的问题。

2.2.1 有标准地进行采购

要把控采购产品质量就要从源头做起，即制定采购标准，严格依照标准实施采购。采购标准一般由采购部门负责人协同生产和采购需求部门进行拟定并报企业负责人审批，采购人员执行。而采购对象则不同，以及采购的产品或原材料的用途不同，采购的标准也会不同。

采购标准的制定必须符合采购产品的特性和企业生产销售的需要，同时标准本身还要可衡量和判断。此外，采购标准还要从多个维度进行考虑，比如视觉、触觉或味觉等。

采购部门是采购标准的直接责任人，应在企业内部其他部门或员工提出采购需求之后，明确采购对象的品质规格，做出正确的技术指标、设计和图样，保证采购标准的准确，做到向合适的供应商采购。通常来说，合格的产品质量一般应具备以下特点。

◆ **合格性**：采购的产品或原材料符合相应的规格要求或技术特征。

◆ **适用性**：采购的产品或原材料能满足企业生产或销售的基本功能需求，具备所需的用途。

◆ **符合设计要求**：所要生产的产品目标品质能够通过采购的产品或原材料得出。

◆ **品质稳定性**：同类产品或原材料的不同批次之间的质量差异很小或没有。

◆ **安全性**：采购的产品或原材料本身是安全的，不会因其存在不安全因素而给企业带来潜在风险。

◆ **经济性**：将其加工不会耗费过多的资源，使用周期不能过短。

采购标准的建立一定要以定量指标为主，定性指标为辅。若定性标准过多，会导致采购结果的主观性太强，缺乏判断标准的客观性。下面展示某餐饮企业对于不同食材的采购标准，如表 2-2 所示。

表 2-2　某餐饮企业不同食材的采购标准

食材名称	采购标准
葱	采购总量中 90% 以上的葱的直径在 1cm 以上，葱白长 50 ~ 60cm。葱叶约占总长的 1/3，无沙土、烂叶和干叶等
姜	生姜须新鲜饱满，组织脆嫩，含粗纤维少，不霉烂，不带泥沙，姜的利用率达到 90% 以上
大头菜	株高不低于 16cm，直径不低于 13cm，结球结实、紧密，无干叶，无黄叶和烂叶，不带根，洗后可直接使用
西芹	无干叶、烂叶，无大根，无泥土
韭菜	无黄叶、烂叶和干叶，新鲜，不能太细或太粗，根部允许有少许泥土，叶内不能夹杂泥沙，不能是沙埋韭菜
木耳	叶大肉厚，无木屑，无杂质，无霉变，无虫蛀
胡萝卜	新鲜，色泽为橙红色，无泥沙，无杂质，无霉变
鲜香菇	新鲜，无霉烂，无杂质，无菇蒂。颜色呈深棕色或褐色，菇伞直径 60mm 以上的占 95% 以上
蘑菇	新鲜，棕灰色，无菇蒂，无夹带基料，无泥沙，无杂质，无霉变
干香菇	无蒂，菇伞直径为 2.5 ~ 3.5cm，无霉烂，无杂质，颜色呈褐色
洋葱	外皮为白色、黄色或紫红色，鳞片肥厚，抱合紧密，没糖心，不抽芽，不变色，无冻结

以上列举的是该企业部分食材的采购标准，不难看出，每一种食材的采购标准都极为具体，容易参照执行。因此为了保证采购标准的可行性，就要做到标准细化和具体化，这样采购人员才能按章实施。

2.2.2 质量控制是采购人员的必备素质

制定采购标准仅仅只是从源头上控制了产品质量，但如果采购人员不严格实施，那么标准就会形同虚设，采购的质量也同样得不到保证。

因此，除了制定采购标准外，还需要采取一些其他措施进行质量控制。

采购人员是采购质量控制的直接和关键环节，其自身的素质和专业程度的高低会直接影响质量控制的效果。因此，采购人员首先要从自身出发，增强自己的质量控制意识并提高判断采购质量的能力，具体来说，需要做到以下几点。

◆ 提高工作责任感

责任心是做人的基本素质，也是从事一项工作的基本要求，采购人员拥有高度责任感，就会不自觉地自我约束，工作的每一个环节都会以企业和客户的利益为先。

在采购质量控制方面，有工作责任感的采购人员会自发地去遵循质量标准，调动自身所有的能力去做好采购质量的把控，也就不会发生采购质量不过关的情况。因此，作为一个合格专业的采购人员，必须有高度的责任感，并在这份责任感下按原则做好岗位工作。

◆ 学习有关产品的法律法规知识

采购人员的工作内容时刻与产品和合同相关，因此，必须学习产品质量法和合同法等相关法律法规知识。只有这样，才能全面了解产品质量在法律上有哪些具体的要求，又有哪些不可触碰的红线，才能将质量控制的法律要求和企业标准结合得更加有效、紧密，从而更好地实施采购工作。

此外，通过学习合同法的知识，可以将对于采购产品质量的要求写进合同，要求供应商提供合乎标准的产品，用合同的形式对供应商进行约束，保证产品质量。

◆ 掌握企业相关的基础技术

采购工作并不是独立的，采购需求是基于企业内部的生产或销售

需求而产生的。因此,掌握企业相关的基础技术,有助于采购人员更好地开展工作。

例如,采购人员所在企业为电子整机行业,那么就要知道电子整机的基本性能、电子元器件的种类和等级以及企业常用技术材料、电线和电缆的规格、所需性能等。也就是说,采购人员不能只知采购,还需要知道采购对象的基本情况。

◆ 掌握稳定和关键的供应商渠道

供应商是满足企业采购需求的主要对象。稳定关键的供应商,不仅能保证所需采购产品或原材料短缺能适时得到解决,还能让采购质量更容易得到保障。

因为稳定和关键的供应商是与企业长期合作的,两者之间已经建立了一套有效的工作流程和质量保证机制,采购人员向其采购也就不必过多担心质量问题。因此,掌握企业内部稳定和关键的供应商渠道,其实是为采购人员控制产品或原材料质量打开了方便之门。

除了要具备质量控制的素质和能力之外,采购人员还需要从供应商的角度出发,掌握一些质量控制方法,以帮助自己做好采购质量控制工作。具体来说可以采取以下方法。

第一,与供应商共同制订联合质量控制计划。在进行采购时,除了采购产品和原材料本身之外,有些不能进行独立生产或无法掌握纯熟的生产技术和工艺的小型企业或新兴企业,很多时候还会连同供应商的生产技术、产品设计和制造工艺等一起采购,以保证产品生产的最终效果。在此情况下,要把控好产品质量,就必须充分考虑供应商的因素,结合其意见,合作制订质量控制计划。

第二,常驻供应商。供应商是采购质量管理的源头,因此要做好质量控制，就必须了解供应商的产品质量状况。为此，采购人员可以在时间允许的前提下常驻于供应商处，通过了解供应商的质量管理机构设置、质量体系文件的编制、质量体系的建立与实施以及产品设计、生产、包装和检验等情况，除此之外，还可通过出厂前的最终检验和试验监督，核实供应商出具的质量证明材料等方式，从供应商内部进行采购质量把关。

第三，定期或不定期检查。采购人员可以协同企业的生产或技术人员对供应商进行定期或不定期的检查，以充分了解供应商的变化情况。检查的重点可以放在原材料和外购件的质量状况，各工序半成品的质量状况，产成品的检验、试验及包装情况等方面上，尤其需要注意重要工序或关键工序的检查。通过检查，可以及时发现供应商的薄弱环节，适时控制，以保证采购质量。

第四，及时了解供应商生产状况变化。供应商的情况并非一成不变的，在市场环境下，供应商通常会根据市场情况和内外部环境的变化而发生改变。对于供应商的一些重大变化，如产品设计或结构上的重大变化、制造工艺上的重大变化、检验和试验设备及规程方面的重大变化，采购人员应具体分析其对采购质量的影响，并针对不同情况采取有利于采购工作和企业的措施。

2.2.3 检验质量可以用这些方式

制定质量标准和进行质量控制都是从事前进行采购质量的把控，除此之外，当采购的产品或原材料出库完毕，运送到企业后，采购人员还需要协助企业质检人员进行检验，因此必须掌握质量检验的方法。

质量检验按照类型划分，可分为进货检验、工序检验和完工检验。三者的区别具体如表 2-3 所示。

表 2-3　不同的质量检验类型

类型	描述
进货检验	是指对购进的原材料、外购配套件和外协件等入库时进行的检验。是保证外购物料质量的主要手段之一，进货检验必须配备专门的质检人员，按照规定的检验内容、检验方法及检验数量进行严格认真检验。对于检验不合格的，应不予验收
工序检验	是指对各道工序加工的产品及影响产品质量的主要工序要素进行检验，从而防止不合格产品流入下一道工序而实施的检验，有首件检验、巡回检验和末件检验 3 种形式
完工检验	也叫最终检验，是指在某一加工或装配车间全部工序结束后，对其生产的半成品或成品的检验

对于采购人员来说，主要涉及的是进货检验和工序检验。其中，进货检验主要包含两种形式：首件（批）样品检验和成批进货检验。

◆　首件（批）样品检验

首件（批）样品检验是通过建立具体的产品质量衡量标准，对供应商提供的产品或原材料的质量进行审核。该检验方式下的产品必须有一定代表性，是能代表一类产品或原材料的，只有这样，才能将对首件（批）样品的检验作为以后同类产品检验的依据。这种检验方式一般适用于首次交货、设计或产品结构有重大变化以及工艺方法有重大变化等情况。

◆　成批进货检验

将需要检验的产品或原材料按照一定的标准进行分类，并划分每一类的重要程度，如按 A、B、C 类的方式进行分类和重要性排序。不同类别的产品检验的程度和重点也不一样，如 A 类为必检项，且必须对其每一要素进行全面严格的检查；C 类为一般项，可抽样检查或免检。这种检验方式可以保证检验质量，同时也能减少工作量。

采购人员应根据采购产品或原材料的实际需要选择合适的进货检验方法。除此之外，进货检验需要遵循以下流程。如图 2-1 所示。

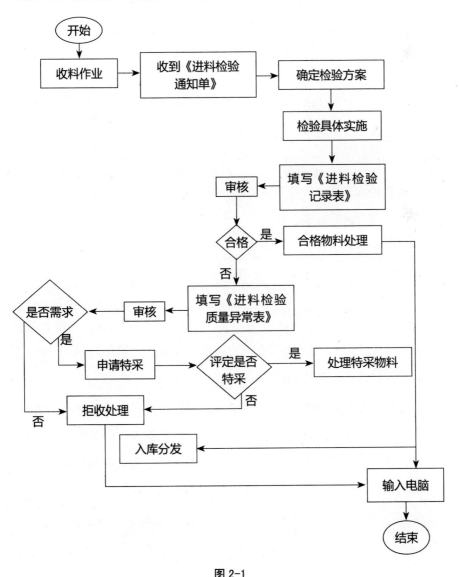

图 2-1

工序检验与进货检验不同，它是对某一工序或所有生产工序的检验，当企业采购的是供应商自行生产的产品时，往往会用到该种检验方式。其检验内容如下所示。

①首先应对采购产品的生产工艺统一明确的质量标准，并明确生产所需的技术要求、检验项目、项目指标、方法、频次及仪器等内容。同时将以上要求置于生产过程中，并对此设置不同的检验点，确定检验流程。

②按制定的检验要求和流程对供应商提供的半成品和成品进行检验，同时做好检验记录，对于检验不合格的，应予退回，检验合格的，应做上相应标记。

③对检验不合格的产品进行跟踪处理，督促供应商进行质量改善，直至产品符合采购标准。

④待检品、合格品、返修品和废品应该分类标记并分别存放。

⑤产品采用特殊工序生产的，应做好质量检验记录、分析报告和控制图表，并及时整理归档。

⑥采购产品在后续使用或销售过程中发生工序质量问题的，应及时向供应商反馈，做好处理。

采购人员若在协助质检人员进行工序检验的过程中发现供应商存在生产工序质量问题需要改善的，应及时告知供应商，并帮助其进行改进，以保障后续采购质量。工序质量的改进流程可以按照如图2-2所示的步骤进行。

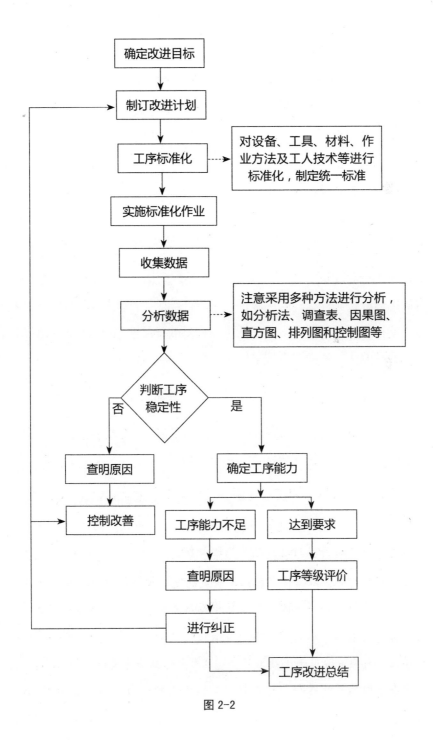

图 2-2

2.2.4 质量保证协议，给产品质量加把锁

除了采用具体的检验方法来对质量进行控制外，采购人员还可以通过与供应商签订质量保证协议，利用法律手段来保证采购质量，维护企业和自身利益。

质量保证协议一般不单独存在，而是作为采购合同的附件及补充。其一般由 7 个主要部分构成，每个部分及其具体内容如下所示。

（1）产品标准

该部分是采购方对于产品的质量标准要求的整体说明，主要是约定供应商应按照什么样的标准进行采购产品的生产。其内容通常为："乙方应严格按照前期甲方测试确认可以接受的样品性能以及《技术协议》，进行产品的生产和向甲方批量供货。"

（2）检验方法

主要包括样品封样、检验依据和检验数量等内容，每部分的内容又可进行具体约定，如下所示为某质量保证协议中关于检验方法的内容。

①样品封样。在第一批供货之前，乙方提供两个产品，由甲方研发部、质量检验部和乙方共同签字确认后，作为此产品的封样样品，以后的来料检验将以封样样品为检验的标准之一。

②检验依据。以《技术协议》规定的所有内容和要求、封样样品、甲方的交验标准、相关国家标准及甲乙双方承认的测试报告为依据。

③检验数量。按照国家标准 GB2828.1—2003《逐批检查计数抽样程序及抽样表（适用于连续批的检查）》中的抽样方案进行抽样。其中，甲方在来料检验中执行一次抽样方案，检查水平为 ××，重缺陷 AQL

值为 ×× , 轻缺陷 AQL 值为 ×× 。

（3）技术支持

主要是指供应商对采购方提供产品检验、维修及服务等方面的支持。如下所示为某质量保证协议中关于技术支持的内容。

①乙方在第一批供货前 5 个工作日向甲方提供出厂检验标准。

②甲乙双方开始合作后，乙方的技术工程师应对甲方的相关人员进行本产品的技术、检验、维护和服务等知识的培训。培训需求由甲方提出，经双方协商后实施。

（4）信息沟通

信息沟通是指采购方和供应商双方之间对于采购事项的事前、事中和事后的信息交流，如下所示为某质量保证协议中关于信息沟通的内容。

①甲方在来料检验中，发现不合格产品，需对乙方开具《供应商质量问题通报》，乙方需在两日内对《供应商质量问题通报》中质量问题的形成原因、纠正预防措施及措施实施时间等内容，以书面形式进行回复。对于甲方退货批次，乙方还需向甲方提供退货批次的处理方式和相关质量记录。

②乙方每月需对甲方来料检验、生产过程和客户返还的需要索赔的产品进行分析，并在每月 30 日前向甲方提供分析报告。

③甲乙双方定期召开品质沟通会议，会议时间由双方协商确定。

（5）违约事项

违约事项是协议的通用条款，在质量保证协议中的违约事项条款，主要是对采购前后过程中，关于采购质量的违约情形，以及违约后如

何处理的约定，是质量保证协议最重要的内容。如下所示为某质量保证协议中关于违约事项条款的内容。

①乙方对本协议第4条所列条款执行不利，且在甲方提出改进要求后乙方仍无改进迹象，甲方有权取消乙方的合格供方资格。

②乙方应保证到货的型号规格与《采购合同》和《技术规格书》一致，并完全按照《技术规格书》中的标准供货。对由于到料与《技术规格书》中的标准不一致的，甲方有权要求乙方退货、换货，并按采购合同的约定承担相应的赔偿责任。

③乙方应承担交货物至甲方运输过程中出现的来料损坏、丢失或外包装破损等损失。

④甲方在来料检验时对来料批次判定为不合格批次时，应及时通知乙方，乙方应当在一个工作日内派人进行确认。

⑤当来料出现质量问题，甲方需要挑选使用时，乙方应承担由此产生的一系列费用。相应费用规定如下：检验人员费用、用电及检测费用、工装损耗费用、运输、场地及其他费用。

⑥来料检验过程中出现的不合格批次，甲方需要降级接收时，甲方将根据问题的严重程度，酌情降低乙方产品本批次的采购价格。

⑦因乙方产品质量问题，导致用户多次投诉，影响甲方产品声誉的，甲方可要求乙方承担相应的责任并按每次质量事故的严重程度支付500～5000元的违约金。

⑧由乙方产品质量问题导致的甲方产品售后的质量事故，经甲乙双方调查确认后，乙方应承担甲方的全部实际损失。

⑨在来料检验中及用户使用中，由于乙方产品技术、质量等原因造成人身伤害或财产损失时，事故责任由乙方全部承担。

⑩甲方为提高产品质量，会不定期对甲方的产品按照国家相关标

准进行抽检（如 CCC 认证条件检测），如发现由乙方产品未达到标准引起甲方产品的任何不合格，甲方将有权对乙方采取相应的惩罚措施。

（6）争议的解决

争议解决是指在履行协议过程中，若双方发生争议应采取的解决方式，其内容通常为："双方在履行本协议过程中如发生争议，应友好协商解决。若协商未成，任何一方均可向甲方所在地有管辖权的人民法院提起诉讼。"

（7）其他

该部分一般是质量保证协议的最后一部分条款内容，是对前面几项内容未涉及事项的补充，其内容一般有如下两条。

①甲乙双方如有对本协议的补充和说明，双方应另行协商。

②本协议为《采购合同》的附件之一，自甲乙双方法定代表人或授权代表签字并加盖法人公章之日起生效，有效期至双方协商签订新协议或停止合作时止。本协议一式两份，具有同等的法律效力，甲乙双方各持一份。

质量保证协议的重点在于对违约事项的约定。对于每一种可能出现的违约责任，都应要求供应商写在协议中，以保证发生质量问题时可以与协议进行逐条核对，按协议规定进行处理，明确双方责任。

2.2.5 需要退换货应该怎么处理

采购检验会有两个结果：合格和不合格。对于检验合格的产品或原材料，企业仓管人员直接验收入库即可，而对于检验不合格的，就

要进行退货或换货处理。因此，采购人员必须知道具体操作流程。

退货和换货的流程大致相同，最大的区别在于退货之后可能不需要供应商再发货，而向其他供应商进行采购，而换货则需要供应商再次提供检验合格的产品或原材料。退货的流程一般如图2-3所示。

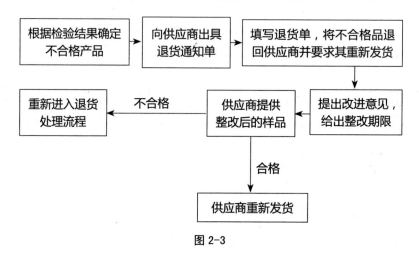

图 2-3

在退换货的过程当中，除了采购人员需要根据其职责内容完成与退换货有关的工作之外，其他责任人员也应履行好自己的职责。退换货过程中涉及的人员及责任如下所示。

◆ **采购人员**：对于质检部门或人员确定的不合格或不能使用的产品或原材料，向供应商出具不合格通知书，开具退货单将产品退回给供应商并监督其进行整改。

◆ **品质部**：对供应商进行质量改善或重新发货的产品按相关标准和要求再次进行质量检验，并得出真实准确的检验结果。

◆ **采购部经理**：对于供应商改进后且品质部检验合格的产品，及时通知供应商合格的情况并安排重新发货。

搞定供应商，采购就成功了一半

从事采购工作，需要和不同的对象进行接触，比如公司内部采购需求部门、生产部门以及外部供应商等。其中，外部供应商是采购人员的货物来源，也是决定采购工作能否及时和有效完成的重要环节之一。因此，采购人员要做好采购工作，就必须学会处理好与供应商的关系，以满足公司的采购需求。

选对供应商能免去很多后顾之忧

市场上的供应商数量庞大，而每家企业合作的供应商通常也不只一家。因此，在面对一项采购工作时，采购人员首先需要根据具体的采购内容从市场或企业已达成合作关系的供应商中来选择合适的供应商。

3.1.1 供应商 = 资源 or 对手

有人说供应商就是采购企业的竞争对手，双方是对立的关系，因为采购企业往往希望以最低的价格买到最优质的产品或资源，而这无疑与供应商的经营产生冲突，因此双方存在着竞争博弈。

随着经济的发展，供应市场发生了巨大变化，这使得供应商与采购企业之间的关系也随之改变。供应商和采购企业之间的关系已经不能简单地用对手来概括。

所以，对供应商身份的判定不应一概而论，而应根据不同的供应商类型，采取合作或竞争的交易态度，下面来看一个关于家乐福和雀巢之间的 VMI 合作的案例。

VMI 是企业和供应商之间的一种合作性策略，它以供应商和企业双方都获得最少成本为目的，在一个共同协议下，通过供应商对库存进行管理并不断监督协议执行情况和修正协议内容来使库存管理得到持续性改善，从而为双方节约成本，提高效率。双方之间合作模式的形成主要有以下几个步骤。

①家乐福用 DEI 方式（电子数据交换），通过互联网将结余库存和出货资料等信息传送到雀巢公司。

②雀巢公司对收到的资料进行处理，计算出可行的供货量，并产生建议订单。

③雀巢公司以 DEI 方式将产生的建议订单传送给家乐福公司。

④家乐福公司对订单进行确认，并根据实际需要进行相应修改，修改无误后传回至雀巢公司。

⑤雀巢公司收取订单，并根据订单内容进行拣货和出货。

在这种合作方式下，家乐福的到货率提高了 15%，库存天数降低了 40%，订单修改率降低了 60%。从中可以看出，在库存管理方面，若企业能将供应商当作合作伙伴，充分利用双方资源，可以极大提高企业效率。

3.1.2 供应商开发应遵循的流程

每一个采购新人都会面临一个难题：如何在市场中开发新的供应商？这是每位采购人员的工作重点之一，也是其核心能力的主要表现之一。面对这一问题时，采购人员想要少走弯路，就要了解供应商开发的大致流程，这样才能知道开发供应商到底应该如何入手。

供应商的开发工作需逐一按照流程进行，以保证开发的有效性。其具体开发流程如图 3-1 所示。

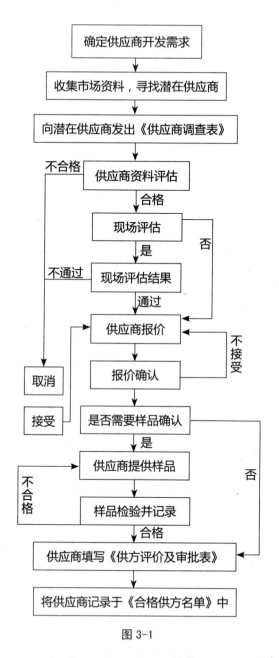

图 3-1

当供应商情况发生重大变化时，也需要按照以上流程对其进行重新评定，并根据评定结果决定是否保留其合格供应商资格。重新评定供应商的情况有以下几种。

- ◆ 供应商的所有权发生变化。
- ◆ 供应商组织结构发生重大变化。
- ◆ 质检部反映原材料出现严重质量问题，并提出取消供应商供货资格。
- ◆ 供应商产品价格发生重大变化。
- ◆ 相关负责人觉得有重新评定的需要时。

3.1.3 多层次、多渠道地寻找供应商

供应商的开发过程就是寻找供应商的过程。寻找供应商的渠道和方法越多，越能积累更多的供应商资源，也就越能满足企业不同的采购需求，采购人员做起工作来也就更如鱼得水。

寻找供应商应该将传统方法和互联网思维有效地结合，这样才能拓宽渠道。所以，供应商的开发渠道主要可分为两类，一类是传统渠道，另一类是互联网渠道，其中，传统采购渠道的种类如表 3-1 所示。

表 3-1 传统采购渠道

渠道类型	描述	优缺点
批发市场	每个地区的批发市场都是各类供应商聚集的地方，在这里，采购人员可以找到常见的各类资源和产品，这是最直接，也是最简单的寻找供应商的方式	优点：选择性强、品种齐全；缺点：无法满足较大的采购需求，质量难以保证
商业系统批发企业	指专门的采购系统，比如烟、酒等商品，要向烟草专卖系统和糖酒专卖系统采购	优点：获取产品价格信息更便捷；缺点：要向多个不同的系统组织进货，且压价空间小

续表

渠道类型	描述	优缺点
生产企业	直接与生产企业联系进货	优点：减少中间环节，降低流通费用，扩大货源；缺点：流动资金占用量较大
商品配送中心	配送中心先从供货商手中接受各种商品，再根据采购企业的要求将商品进行分装、分类、配货和运送	优点：方便省事；缺点：成本较高

除了传统的采购渠道之外，随着互联网的发展，采购也变得网络化，互联网中产生了很多采购和批发平台，采购人员可充分利用这些平台开发新供应商。这里以阿里巴巴批发网为例介绍利用互联网采购平台寻找供应商的方法。

首先进入阿里巴巴批发网（https://www.1688.com/），在打开的页面中单击"货源"下拉按钮，选择"供应商"选项，如图3-2所示。

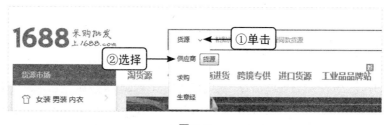

图 3-2

然后，在搜索文本框中输入需要采购的原材料或产品名称，这里输入"钢铁"，然后单击"搜索"按钮，如图3-3所示。

图 3-3

在打开的页面中可以查看到搜索结果，如图 3-4 所示。

图 3-4

从图 3-3 和图 3-4 可以看出，采购人员可按照需求寻找供应商，在搜索结果中可按照地区、经营模式、年营业额和采购距离等要素进行排序，从中选择最适合的供应商。

3.1.4 多个供应商，怎样选择

面临多个供应商时，怎样从这些初步筛选出的供应商中选择最合适的供应商，是所有采购人员不得不做的一道选择题。选择并非盲目的，采用科学的方法，才能保证选择结果的有效性。

一般来说，供应商的筛选需要经过 3 个步骤：填写《供应商基本信息表》→供应商自我评估→建立供应商评估模型。下面依次来对这些步骤进行介绍。

（1）填写《供应商基本信息表》

当采购人员开发的供应商较多时，无法直接从众多的供应商中选

择最合适的那一个，此时就需要逐步筛选，而筛选的第一环节就是填写信息表。通过信息表的填写，采购人员可大致了解各供应商的具体情况，从中排除不合格的供应商，保留合格的。《供应商基本信息表》样式如表 3-2 所示。

表 3-2　供应商基本信息表

供应商基本信息表			
企业名称		注册资本	
法人代表名称		营业执照注册号	
所在地区		经营类别	
公司类型		详细地址	
组织机构代码		营业执照有效期	
联系人		联系电话	
E-mail		传真	
公司简介			
主要经营范围			
备注			

　　采购人员可以在供应商填写该表后逐一对表中的内容进行审核，对企业营业执照注册号、注册资本、营业执照有效期和企业名称等进行重点审查，经审核并确认有误的，应当认为该供应商的注册信息存在不真实的可能，与其合作的话，企业可能会面临较大风险，所以应将其从备选供应商中排除。

（2）供应商进行自我评估

供应商自我评估是指采购企业或采购人员将需要自评的要素提供给供应商，然后供应商依据企业的要求逐一进行自我评价，自评后再将结果反馈给采购方。通过供应商的自我评估，可以了解供应商的大概情况，也为企业的后续评价提供依据。

供应商自我评估的要素一般包括生产能力、质量控制能力、技术管理水平、价格水平和研发能力等。要素内容会因供应商类型和采购需求的不同而有所区别。表 3-3 是某供应商的自我评估表模板。

表 3-3　供应商自我评估表

供应商自我评估表		
评估项目	评估标准	是 / 否
质量	相关证件（如合格证和鉴定报告等）是否齐全	
	使用过程中是否出现严重缺陷	
	退换货和不合格品的处理结果是否达标	
	对于生产异常情况或生产事故，是否有专职部门进行原因分析，并进行改进	
	是否有书面化的质量保证体系	
	公司内部是否会进行定期的质量检查和检讨	
	是否建立了整个公司持续改进的制度	
交货能力	是否按期交货，数量是否准确	
	是否能及时处理发生的各类质量问题	
价格	本年度同一产品或原料的价格波动是否较大	
	本年度进厂货物价值与实际付款比较是否一致	
生产过程	产品设备是否能够完全满足使用需求	

续表

供应商自我评估表		
评估项目	评估标准	是／否
生产过程	是否有各制造工序的书面质量控制计划	
	是否有各制造工序的作业标准	
	是否制定了材料和成品储存、防护的程序文件	
生产设备	是否建立了生产设备的维护和保养制度	
	是否有设备寿命更换规定	

（3）建立供应商评估模型

供应商自评结束之后，采购人员还需对自评结果进行核实，重新对供应商进行评估，以比较评估结果和自评结果的差异。企业和采购人员对供应商的评估标准如表3-4所示。

表3-4　企业对供应商的评估标准

供应商评估表				
评估项目		评价结果		
生产能力	控制交货期的能力	□强	□一般	□弱
	排查生产异常的能力	□强	□一般	□弱
	控制生产进度的能力	□强	□一般	□弱
	对于生产的规划能力	□强	□一般	□弱
质量控制	质量规范标准	□符合	□不符合	
	纠正预防措施	□强	□一般	□弱
	质量管理组织体系	□好	□一般	□不好
	检验方法控制	□强	□一般	□弱

续表

供应商评估表			
评估项目	评价结果		
技术管理	技术水平	□强　　□一般　　□弱	
	工艺流程及标准	□符合　　□不符合	
	生产设备情况	□好　　□一般　　□不好	
	操作标准	□符合　　□不符合	
价格情况	加工费用	□适中　　□高	
	原料／辅料价格	□适中　　□高	
	付款形式	□符合　　□不符合	
	估价方法	□符合　　□不符合	
研发能力	自主研发能力	□强　　□一般　　□弱	
	来料加工能力	□强　　□一般　　□弱	
	生产跟进操作人员	□是　　□否	
质量体系	ISO9001	□是　　□否	
	QS9000	□是　　□否	
	TQM	□是　　□否	
产品标准	企业标准	□是　　□否	
	行业标准	□是　　□否	
	国家标准	□是　　□否	
	国际标准	□是　　□否	

　　通过供应商评估模型，采购人员可以对供应商进行逐条评价，并借此筛选出符合采购标准和需求的少数供应商，以降低选择难度，从而更好地完成采购任务。

3.1.5 制造商还是中间商

很多企业和采购人员认为，供应商就要直接选择制造商而不是中间商，因为将制造商作为供应商可以降低采购成本，避免被中间商多剥一层利。但事实真是如此吗？

毫无疑问，相对于中间商来说，选择制造商作为供应商确实可以节省采购费用，但中间商也有其独到优势，否则也不会有和制造商相当的竞争力。制造商的核心能力在于生产制造，而中间商的核心能力则在于服务。制造商能提供的产品往往比较单一，而中间商能积累多家生产商的产品，从而形成优势。

因此，制造商和中间商各有优势，具体怎样选择，一般取决于采购需求类型和企业自身的采购规模。同时采购人员需要注意，在选择这两类供应商时，需要有不同的侧重点。

制造商的核心竞争力在于其生产能力，其能有效减少采购的中间环节，因此，采购人员在选择制造商作为供应商时，需要注意以下问题。

◆ 重点考察制造商的生产能力

制造商往往拥有较强的生产能力，并具备相应生产制造领域的专业技术优势，也是由于这一原因，导致其能提供的产量类别比较单一。如需要向面料制造商进行采购，但其的采购面料没有库存，这时就需要向制造商发出定制生产的请求，而生产过程往往会受到制造商本身生产数量和生产周期的限制，这也会导致采购周期延长，影响采购效率。

因此在选择制造商时，一定要选择生产能力强的制造者，这样即使制造商库存不足，也能在较短时间内重新生产出满足采购需求数量的产品，采购人员也能及时完成采购。

◆ 减少中间环节

直接向生产商采购，可以减少中间环节的费用，并在一定程度上降低成本。尤其是采购产品个性化特征较强且数量不大的情况，因为无法利用中间商的集中采购优势，所以会直接向制造商进行采购。同时，向制造商采购还能减少信息的中间传递，降低信息传递的失误率，使得采购人员和生产商的沟通更直接有效。

中间商本身不从事具体产品的生产，是介于零售商和生产商之间的供应链环节，中间商从制造商处大批量采购商品，然后分销给不同的零售商。作为中间商来说，最大的优势就是产品的多样性，因此，若将其作为企业供应商，那么在选择时也一定要注意这一点，应挑选产品类型丰富，规模较大，服务较好的中间商，这样才能满足企业的不同采购需求，以节省采购周期，提高采购效率。

3.1.6 学会评价不同的供应商

什么样的供应商是好的供应商？什么样的供应商是差的供应商？如何用一杆秤来衡量和评价不同的供应商，以选择对企业和自己最有利的供应商，是困扰每位采购人员的问题。

与前述所说的供应商事前评估不同，这里的评价是针对已达成合作关系的供应商的优劣评价。通过这种事后评价，可以帮助企业去粗取精，去劣存优。

供应商事后评价通常有两种方式，一种是指标式，另一种是表格式。指标式的评价方式主要是通过不同的指标要素和标准，以指标计算结果来衡量供应商的优劣，主要有以下一些指标。

◆ 质量合格率

采购产品质量是衡量供应商水平的重要指标之一，质量合格率的计算是采购合格产品和采购产品总量的比率，其公式如下所示。

采购产品质量合格率 = 采购产品中的合格产品数量 ÷ 采购产品总量 × 100%

显而易见，对于采购企业来说，质量合格率越高越好。此外，有的企业还用退货率来衡量产品质量，和质量合格率相反，退货率越低对企业越有利。其计算公式如下所示。

退货率 = 退货次数（或数量）÷ 采购总次数（或总数量）× 100%

◆ 交货及时率

交货及时率主要是考察供应商能否在约定的交货期如期交货，其计算是准时交货次数和交货总次数的比率，该比率对于采购企业来说越高越好，具体公式如下所示。

交货及时率 = 准时交货次数 ÷ 交货总次数 × 100%

◆ 按时交货量率

按时交货量率主要是考察供应商交货量的及时情况，是交货期内的实际交货量与期内应完成交货量的比率，对采购企业而言，该比率越高越好，其计算公式如下所示。

按时交货量率 = 交货期内实际交货量 ÷ 交货期内应交货总量 × 100%

◆ 价格比率

价格比率分为平均价格比率和最低价格比率，是将供应商价格分别与市场平均价格水平和最低价格水平进行比较得出的比率。

平均价格比率越高，说明供应商的价格高出市场平均价格越多；

最低价格比率越高，说明该供应商价格高出市场最低价格越多。其计算公式分别如下。

平均价格比率 =（供应商供货价格 - 市场平均价格）÷ 市场平均价格 × 100%

最低价格比率 =（供应商供货价格 - 市场最低价格）÷ 市场最低价格 × 100%

◆ 信用度

信用度是对供应商守信程度的考察，供应商的诚信是企业与其合作的基础，其计算公式如下。

信用度 = 考察期内失信次数 ÷ 考察期内交往总次数 × 100%

除指标考察之外，还可用规范的评价表格对供应商进行评价，其样式如表 3-5 所示。

表 3-5　供应商评价表

供应商评价表		
供应商名称		
供货时间	年　月　日　至　年　月　日	
基本评价要素		
评价要素	评价结果	评价时间
样品是否合格	□是　　　　□否	
包装是否合格	□是　　　　□否	
生产规模是否达标	□是　　　　□否	
质量体系是否能得到保障	□是　　　　□否	
供应价格是否合理	□是　　　　□否	

续表

供应商评价表			
供应能力是否达标	□是	□否	
供应速度是否及时	□是	□否	
产品质量是否合格	□是	□否	
是否有完善有效的质量检验系统	□是	□否	
供应价格和市场价格水平差异是否较大	□是	□否	
产品认证水平和流程是否完善	□是	□否	
产品合格批次是否在规定范围内	□是	□否	
配合是否符合要求	□是	□否	
交货是否及时	□是	□否	
售后服务是否到位	□是	□否	
评价结果	列入免检类别的供应商	结果说明	
	合格供应商类别	结果说明	
	改善后可列入合格类别的供应商	结果说明	
	不合格供应商类别	结果说明	
评价人意见：			
采购部核准意见：			

3.2
监督供应商，保证交货的及时性

贵在选择，重在监督。企业不仅要选择适合的供应商，还要对供应商实施有效的后续监督，没有后续的有效监督，便会使采购工作效率大打折扣。

3.2.1 双向沟通，让信息交换更充分

先沟通，后监督。沟通是采购人员与供应商保持联系的主要方式，也是采购人员了解供应商状况的重要手段。在向供应商采购的过程中，采购人员需要实时了解供应商的生产状况和内外部情况的变化，同时也需要将企业对于采购商品或原料的要求变化告知供应商，做好双方充分的信息交换，从而更好地实现采购目的。

采购人员要想实现与供应商之间的有效双向沟通，首先就要做到以下几点。

◆ **以点带面，充分沟通**。每次的沟通事项不要仅仅局限于某一要素，应将与该要素有关的内容都考虑进去。

◆ **沟通的内容和形式要让供应商能够接受**。尤其是在沟通内容上，采购人员不能只是一味考虑自身和企业利益，而罔顾供应商的合理利润，否则会引起供应商反感，使沟通结果不尽如人意。

◆ **沟通渠道应畅通无阻**。顺畅的渠道是双方沟通的基础，应保证

矛盾能在第一时间和最低层次得到解决，否则就会使产生的矛盾扩散开来，给供需双方带来影响和损失。

除此之外，采购人员要做好与供应商的沟通，还需要建立属于双方的沟通机制，以保证沟通的及时和充分。对此，采购人员需要做到以下几点。

明确沟通的重要性，以尊重为前提主动进行沟通。采购人员需要明确，与供应商之间的关系是平等的，双方互惠互利，并不存在采购企业高供应商一等的情况。只有充分尊重供应商，并将其表现在双方的沟通环节中，主动向供应商了解和反馈采购相关信息，才是双方沟通成功的关键。

让供应商对企业的采购要求和目标充分了解。采购人员的采购需求只有通过供应商才能得到满足，双方沟通的重点也在于采购需求的方方面面。因此，将采购要求和目标明确告知供应商，就能保证沟通在一开始就是有效的。

保证沟通方式的多样性。采购人员应掌握与供应商沟通的多种方式，以保证在某一种或几种沟通方式失效时可以通过其他沟通方式达到同样的沟通目的。一般来说，采购人员可以通过电话、邮件、传真、网络即时通信或实地走访等方式与供应商进行沟通。

注意沟通的时效性。时效性是保证采购双方的沟通结果有效的重要因素，采购人员与供应商的沟通应在确定采购要求的第一时间或者采购要求变更的第一时间进行。把握沟通时效性，可以使供应商实时了解企业的采购需求，当改变生产要求或方式时，节省因准备或生产不满足条件的产品或原料产生的成本，同时，对采购方来说也可以提高采购效率。

3.2.2 督促供应商做好交货工作

采购人员与供应商沟通的最终目的，在于使供应商按时、按质、按量地完成交货工作。如果不能达到该目的，那么即使前期的沟通再顺畅，对采购企业来说也是无效的沟通，是没有意义的。

要想达到督促供应商，保证其准时交货的目的，采购人员就要懂得利用一些工具，及时处理企业不断变化的采购需求，并在供应商不作为时对其进行督促。

（1）向供应商及时反馈变更后的采购需求

在采购工作中，经常会出现因采购需求或采购期限变更而需要供应商将生产计划或准备工作进行调整的情况，此时若不能及时准确地将变更后的信息反馈给供应商，那么就会直接影响采购质量和有效性。此时，采购人员可以通过一些格式化通知单来对供应商进行规范准确的通知。如表 3-6 和表 3-7 所示。

表 3-6　采购需求更改通知单

采购需求更改通知单							
公司名称				申请人			
更改日期							
采购更改说明							
更改物料 / 产品基本信息							
序号	更改项目	采购单号	物料 / 产品名称	物料 / 产品编码	采购数量	金额	摘要
1							
2							
……							

续表

采购需求更改通知单			
采购人员签字		日期	
审核人员签字		日期	
部门负责人意见		日期	
采购部经理意见		日期	
备注			

表 3-7　交货期变更联络单

<table>
<tr><td colspan="9" align="center">交货期变更联络单</td></tr>
<tr><td colspan="9">
××公司（供应商名称）：
　　根据本公司与贵公司签订的采购合同（编号：××），贵公司原定于××年××月××日前向我公司交付以下货物，现因特殊原因，请求贵公司改期发货。
　　给贵公司带来的不便之处，望予以理解。

××公司
××年××月××日
</td></tr>
<tr><td colspan="9" align="center">原因说明</td></tr>
<tr><td colspan="9" style="height:150px"></td></tr>
<tr><td colspan="9" align="center">交货期变更一览表</td></tr>
<tr><td rowspan="2">货物编号</td><td rowspan="2">货物名称</td><td rowspan="2">规格</td><td rowspan="2">型号</td><td rowspan="2">单位</td><td colspan="2">变更前</td><td colspan="2">变更后</td></tr>
<tr><td>日期</td><td>数量</td><td>日期</td><td>数量</td></tr>
<tr><td></td><td></td><td></td><td></td><td></td><td></td><td></td><td></td><td></td></tr>
<tr><td></td><td></td><td></td><td></td><td></td><td></td><td></td><td></td><td></td></tr>
<tr><td></td><td></td><td></td><td></td><td></td><td></td><td></td><td></td><td></td></tr>
<tr><td>备注</td><td colspan="8"></td></tr>
</table>

（2）向供应商进行进度控制

在开始采购到供应商完成交货的整个过程中，为了保证供应商能按时、按质完成每个环节的工作，采购人员需要对整个过程进行全程控制。常用的方法是利用采购进度控制表，其样式如表 3-8 所示。

表 3-8　采购进度控制表

采购进度控制表											
公司名称					采购日期						
采购单编号					请购部门						
物料编号	物料名称	规格	型号	单位	数量	供应商	跟进情况			到货情况	
							询价日期	议价日期	订货日期	预定日期	实际日期
备注											

（3）向供应商进行催货

当采购人员发现供应商生产或准备进度较慢，可能无法按期交货或已经逾期交货时，就需要对供应商进行催货，以保证能在约定时间内交付产品或物料，或尽量缩短逾期交货时间。

催货的方式一般为向供应商发送催货通知单，并根据实际到货情况在跟催表内进行相应登记，以查看催货是否有效。催货通知单和跟催表分别如表 3-9 和表 3-10 所示。

表 3-9　催货通知单

催货通知单							
××公司（供应商名称）： 　　根据本公司与贵公司签订的采购合同（编号：××），贵公司应于××年××月××日前向我公司交付以下货物，现已逾期，请速于××日内发货。 　　如货物正在运输过程中，还望见谅，并请来函说明到货日期。 　　如贵公司确实存在发货困难，也请来函说明。 　　　　　　　　　　　　　　　　　　　　××公司 　　　　　　　　　　　　　　　　　××年××月××日							
物料编号	物料名称	规格	型号	单位	到货情况		
					采购数量	到货数量	差额
备注							

表 3-10　采购跟催表

采购跟催表									
公司名称				采购日期					
采购单编号				跟催人员					
物料编号	物料名称	规格	型号	单位	数量	供应商	到货情况		
							预定日期	实际日期	到货数量
备注									

3.3
供应商也需要考核和激励

考核和激励是企业激发员工工作动力，提高工作效率的主要手段。对于采购企业来说，为了激励供应商更加积极主动和有效地满足企业的采购需求，增加双方合作的深度和黏性，也需要利用考核激励这一工具。

3.3.1 供应商的考核怎样实施

有考核才有优劣，采购的过程也是不断筛选供应商，实现优胜劣汰的过程。因此，采购企业需要通过对供应商进行考核，以淘汰无法满足企业采购需求的供应商，保留优质供应商，保持满足企业采购需求的持续动力。

对供应商的考核主要是通过制定考核指标，并附以相应权重，借此对供应商打分的方式来进行。具体的考核指标如表 3-11 所示。

表 3-11 供应商考核表

供应商考核表			
供应商名称			
考核周期			
供货交期考核（35%）			
供货批次数	供货及时的品批次数	及时交货率	考核得分（满分 100 分）

续表

供应商考核表						
供货质量考核（35%）						
供货数量	拒收（报废）数量	供货批次数	不合格批次数	退货率	不合格率	考核得分（满分100分）

创新开发能力考核（20%）									
询价次数	报价成功次数	平均报价周期	开发个数	及时开发个数	开发成功次数	平均开发周期	报价成功率	开发及时率	考核得分

持续改善能力考核（10%）				
客户投诉及拒收次数	重大来料不合格次数	报告不规范次数	成本降低产品个数	考核得分（满分100分）

考核最终总得分	

对于考核结果不达标，考核分数过低的供应商，采购部门负责人和企业其他相关负责人应结合采购人员意见，决定是否终止与该供应商的合作，以重新寻找其他优质的供应商。

3.3.2 给予激励，增加供应商黏性

有考核淘汰，也就应该有考核奖励。对于考核达标或考核结果优秀的供应商，企业应该给予一定奖励，以加深彼此的合作关系，实现未来长期的稳定合作。

企业对于供应商的激励手段有很多，可以根据实际情况选择使用。具体的激励方式有以下一些。

订单激励。该激励方式是比较直接的手段，一般来说，对于同一种采购需求，企业对应的供应商有多家。而此时，对于考核结果优异的供应商，企业就可以将其作为唯一的供应商或在原有基础上加大双方合作，投放更多订单，这样一来可以直接增加该供应商的业务量和利润，也能扩大企业对于供应商的影响力，起到立竿见影的激励效果。

信用激励。交易的基础是双方的信用，同时也是双方扩大交易和持续交易的基础，信用对于供应商至关重要。因此，企业可以对考核结果优秀、交货及时和产品质量优质的供应商进行信用激励，将以上因素在行业内进行公开宣传，以帮助供应商赢得其他采购企业的信任，扩大其业务量，树立良好形象。

新产品激励。在传统模式下，企业的新产品开发和生产与供应商是完全脱离的，供应商只负责提供原料，无法参与产品的研究和开发过程，这种方式下的最理想结果是供应商按时、按质、按量完成交货，但企业无法主动对供应商进行管理。相反，若能对考核结果优秀的供应商进行新产品激励，让其全程参与到新产品的开发中来，使其成为产品开发的一部分，就能从根本上加深双方的关系，实现全面合作。

信息激励。企业和供应商之间的信息交换是促进彼此发展进步的要素之一，供应商可以通过企业提供的实时且多样化的信息，捕捉市场机会，提升自身能力，降低经营成本。因此，企业也可将信息激励作为奖励供应商的方式，通过向其提供及时、有效、充分的信息，提高其竞争力。

3.4

供应商还需要后续管理

供应商是企业的特殊客户，也需要对其进行持续不断的后续管理，以维护双方之间的合作关系，实现双赢。同时，供应商的后续管理也是采购工作的一部分。

3.4.1 对供应商进行履约管理

供应商的履约管理主要是指对供应商合同履行的及时性、有效性和完整性进行评估，并通过评估结果得出供应商能有效履约或不能有效履约的结论，根据结论对供应商进行相应管理，做出继续或终止合作的决定。履约管理流程主要如下所示。

◆ 确定履约评估责任人

在供应商履行完合约之后，采购企业需要根据合约涉及的部门和相关责任人，确定履约评估的责任人。一般来说，主要包括采购部门负责人、财务部负责人或相关收付款人员、负责该合约的采购人员、采购需求提出部门或员工、检验人员、生产人员以及其他与采购事项或合约相关的人员等。

◆ 确定评估指标

评估指标是评估责任人得出评估结论的依据，应与采购事项和合约内容紧密相关。一般来说，评估指标主要有采购物料或产品的质量达标情况、交货及时率、采购价格是否合适、交货数量准确率、退货率、履约及时率、退货处理及时率以及违约事项处理情况等要素。

◆ 得出评估结果，做出调整

在确定评估要素之后，需要对不同的要素附上相应的权重和判断标准，评估责任人据此进行打分，所有评估责任人的打分结果便是该供应商履约评估的最终结果。最后采购部门负责人或其他相关负责人需要根据评估结果做出供应商是否合格的决定，并填写《供应商履约评估反馈表》报相关负责人审批。

《供应商履约评估反馈表》是对供应商履约结果的最终评定，其样式如表 3-12 所示。

表 3-12　供应商履约评估表

供应商履约评估表	
供应商名称	
合同履约时间	
履约评估结果	□优秀　　□良好　　□合格　　□基本合格　　□不合格
合约具体情况	
评估人意见	
日期	

3.4.2 供应商的分类管理

每家企业都不止有一家供应商，若对所有的供应商都采用同一种方法管理，显然不能发挥不同供应商的最大效用。因此需要对不同的供应商进行分类管理。

不同企业拥有的供应商类型不同，因此对其的分类标准也不一样，最简单的供应商分类方式是将其分成普通供应商和重点供应商。具体来说，可以将其分为 A、B、C 三类。

- ◆ **A 类供应商**：供应的物资价值占企业采购物资价值 60% ~ 70% 的供应商，其数量一般占供应商总数量的 10% 左右。
- ◆ **B 类供应商**：供应的物资价值占企业采购物资价值的 20% 左右，其数量一般也占供应商总数量的 20% 左右。
- ◆ **C 类供应商**：供应的物资价值占企业采购物资价值 10% ~ 20% 的供应商，其数量一般占供应商总数量的 60% ~ 70%。

从以上分类可以看出，A 类供应商是为企业提供物料最多的供应商，满足了企业大部分的采购需求，是企业降低采购成本，增加盈利的主要途径，因此需要对其进行重点管理。而 B、C 类供应商为企业提供的物料相对较少，企业可以对其进行一般管理。

此外，按照二元分类法，还可将供应商分为产品型供应商和服务型供应商两大类。产品型供应商是指在产品设计、生产及价格等方面具有突出优势的供应商；服务型供应商是指在产品质量、售后服务、交货及信息沟通上具有突出优势的供应商。

针对以上两类供应商，企业的管理重点各有不同。对产品型供应商的管理重点分为以下几方面。

①通过帮助供应商提高产品质量或共同设计生产流程，制定模块化标准使其为企业提供标准化程度更高的产品。

②与供应商一起设计、改进物流系统，尽可能提高供应商在物流方面的绩效表现。

③建立与供应商间的良好信息沟通渠道，及时交换双方关于产品

的使用信息，并提高信息传递的精确性，缩短信息反馈时间。

对服务型供应商的管理重点分为以下几方面。

①通过供应商管理帮助其分析供应链流程或生产工艺，在保证产品质量基本不变的前提下削减采购成本。

②及时将需求信息反馈给供应商，在产品改进和新产品开发方面与供应商进行合作，提高其产品创新性。

③建立良好的沟通渠道，做到实时沟通，减少需求信息通知时间，以弥补因生产工艺和计划等因素造成的供应商数量不足的劣势。

3.4.3 怎样搞定垄断供应商

垄断供应商是指对于某些原料或产品，只有一家或少数几家供应商能够提供。此时，采购企业对于供应商的选择没有太大余地，可能处于不利地位，所以与供应商的关系处理就显得尤为重要。

面对垄断供应商时，企业往往存在着对于某些重要材料过于依赖同一家供应商的情况，同时，这样的供应商常常能左右采购价格，对企业产生极大的影响。因此，为了增强企业采购时讨价还价的能力，可以从以下几个方面来做。

全球采购。有的供应商虽然在国内市场上处于垄断地位，但在全球市场上却并非如此，因此，企业为了打破供应商的垄断状况，可以从国外寻找采购市场，从中寻找可替代的供应商，以获取讨价还价的机会。

长期协议。企业对于垄断供应商最大的议价机会是在签订合约，达成合作之前，而议价的最好筹码是较长的合作期限。因此，采购人

员可以利用这一点，在双方达成合作协议之前，以较长的合约期限争取尽可能多的优惠。

充分掌握供应商信息。这主要了解的是供应商对企业的依赖程度。虽然企业的采购需求只有一家或几家供应商能够满足，但企业可以从中寻找受己方影响最大的供应商，用自身对供应商的影响作为筹码来与供应商进行议价。

除此之外，企业还可以采用一些方法来降低向垄断供应商采购的成本，具体如表 3-13 所示。

表 3-13　降低向垄断供应商采购成本的方法

方法	具体做法
延长保修期	将保修期的计算方式从发货日期开始计算替换成从产品的首次使用时间算起，以延长实际的保修期限
一次性采购	当预期采购价格会上涨时，可以计算出企业的采购需求数量，并据此增加采购数量，一次性采购企业生产或销售所需的所有原料或产品
与其他企业联手	对于同一类采购需求，可以寻找有同样采购需求的其他企业进行合作，从而形成买方优势，以此为筹码与垄断供应商进行议价

3.4.4　怎样应对强势供应商

对于采购人员来说，每一次采购合作，都可能会遭到一些强势供应商的"碾压"，此时是强势反击还是忍气吞声呢？

如何拿下强势供应商是令大多数采购人员头疼的问题，因为与强势供应商合作，谈价空间几乎为零，但采购人员却不得不想方设法与之和谐相处、融洽合作。为此，采购人员可以从以下几方面着手。

抓住关键环节和人物。充分了解供应商的机构设置和销售流程，并和供应商内部与采购环节相关的各个节点的关键人物搞好关系，从中争取更多的资源。

技术替代。优化自身产品方案，并与供应商一起优化其技术方案，对供应商形成技术优势，以此作为企业的筹码与供应商进行谈判。

做好供应商关系管理。采购人员可以通过与供应商实现多次合作的方式来拉近双方关系，同时变换采购思路，将自身转换为销售型采购，抓住供应商的痛点需求，增加技术合作，协同供应商挖掘客户的需求，在做好供应商关系管理的基础上实现采购优势。

采购人员需要明确的是，在处理与强势供应商的关系时，最关键的是保障供应，其次才是议价。供应商最终追求的也是利润，因此，采购人员只需抓住对方的利益点，并找到成本、质量、交期、服务和技术几个要素中影响供应商利润的核心指标，避开核心指标，要求供应商对非核心指标做出让步，也能实现双方利益最大化。

CHAPTER
04

做好采购计划和预算

"凡事预则立，不预则废。"这句话表明了事先计划的重要性。要想做好采购工作，提高采购的效率，就必须做好事前计划和预算，否则，采购行为将是盲目的，无法实现采购工作本身的价值，采购结果也许会不符合企业追求盈利的基本要求。

做好计划和预算，让采购更有准备

做好采购计划和预算是采购人员接到采购任务之后的首要工作，也是采购人员的必备业务技能。通过采购计划，采购人员能更加明确采购的各项内容，包括采购对象、标准和时限等。而采购预算可以给采购人员以费用限制，使其为了在预算范围内进行采购而不断学习和掌握采购知识及技能，与供应商进行议价。

计划和预算是两个不同的概念，也是采购工作中不同的分类，采购人员需要分别掌握它们各自的方法和要点。

4.1.1 先确定需求，再制订计划

采购计划是在采购需求的基础上产生的，采购人员只有充分了解企业真实的采购需求，才能制订出满足采购需求的计划，也才能保证完成采购需求，并避免大量库存的产生。

确定采购需求不仅仅需要知道采购的数量，还必须对与采购有关的其他要素进行充分了解，才能真正做到了解采购需求。具体来说，确定采购需求，要了解以下因素。

◆ **采购数量**：即需采购的每一类产品或物料的具体需求的多少。

◆ **采购质量**：即需采购的每一类产品或物料需要达到什么样的质量要求。

◆ **需求时间**：即什么时候需要使用该批采购产品或物料，也从另

一角度确定了采购的最长周期。

◆ **交付情况**：包括交付时间、运输方式以及质量检验标准和方式。

◆ **售后服务**：即供应商应对采购产品或物料提供售后服务的内容和时间等。

◆ **供应商其他职责**：即除以上内容外供应商还应提供的服务。

采购人员在确定了以上采购需求要素之后，通常的做法是将各要素具体内容用统一的需求确认表格记录下来，作为采购需求确认的证明和依据。采购需求确认表的样式一般如表 4-1 所示。

表 4-1　采购需求确认表

<table>
<tr><td colspan="10" style="text-align:center">采购需求确认表</td></tr>
<tr><td>采购人</td><td colspan="9"></td></tr>
<tr><td>采购项目
名称及用途</td><td colspan="9"></td></tr>
<tr><td colspan="10" style="text-align:center">采购项目需求</td></tr>
<tr><td>采购项目</td><td>数量</td><td>质量要求</td><td>采购周期</td><td>单位</td><td>计划
单价</td><td>总价</td><td>交货期</td><td>售后
服务</td></tr>
<tr><td></td><td></td><td></td><td></td><td></td><td></td><td></td><td></td><td></td></tr>
<tr><td></td><td></td><td></td><td></td><td></td><td></td><td></td><td></td><td></td></tr>
<tr><td>技术参数
及要求</td><td></td><td></td><td></td><td></td><td></td><td></td><td></td><td></td></tr>
<tr><td>付款方式</td><td></td><td></td><td></td><td></td><td></td><td></td><td></td><td></td></tr>
</table>

4.1.2　制订计划前需要明确计划要素

采购需求的确认其实是采购计划微观要素的确认，而要制订一个完整的采购计划，就需要从宏观方面去明确计划要素，并对每个要素

进行进一步确定。

通常来说,采购计划有6个要素,分别是时间、地点、人物、起因、经过和结果。每个要素包含的内容不同,需要采购人员完成不同的工作。下面分别来讲解。

时间。包括采购时间和供货时间两方面。其中采购时间的确认应考虑询价的时间,询价时间越长,采购时间越短,反之越长。而最后一次供货的时间一般应在采购时间截止之前。

地点。包括物料采购地点、业务协商地点和物料供应地点。一般来说,物料采购地点和业务协商地点直接由采购部门或采购人员确定;而物料供应地点与物料的生产制造地点相关,为节约成本和提高效率,物料供应地点一般不应距离生产地点太远。

人物。包括采购对象和物资供应对象。采购对象是指采购人员可选择的所有供应商,物资供应对象是在所有可选择的供应商中确认的、最后的、唯一的供应商。

起因。即采购需求产生的原因,一般是企业生产或销售需要,采购需求部门或人员提出需求并获得相关负责人同意,最终形成采购任务。

经过。即采购过程中各项内容的确定,包括其他部门配合需求、付款方式、运输方式、质量检验方式和标准以及价格是否合理等。

结果。即采购后续事项的处理,包括发票的出具和检验、交付要素和约定要素的确认、装卸方式和手续交接等。

4.1.3 制订采购计划的规范流程

采购计划是根据生产部门或其他使用部门的计划制订的包括采购

物料、采购数量和需求日期等内容的计划，能有效为企业采购提供依据，提高企业的资源配置效率，有助于帮助企业取得更高的经济效益。

制订采购计划是采购实施的最初环节，其制订需要遵循一定的规范流程，主要如图 4-1 所示。

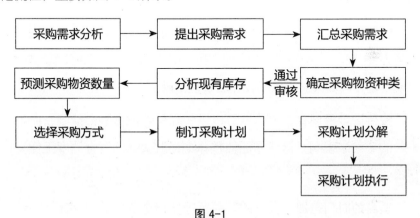

图 4-1

按照以上流程，需要最终确认出采购计划的具体要素并用统一的表格样式确定下来，采购计划表样式一般如表 4-2 所示。

表 4-2　采购计划表

采购计划表														
公司名称						制表时间								
序号	物料名称	使用部门	型号	规格	单位	单价	计划采购量	库存量	安全储量	预算金额	采购周期	采购方式	订货时间	到货时间	采购负责人
备注														

4.1.4 什么样的预算是有效的预算

除了制订采购计划之外，采购预算也是采购工作中必不可少的环节。采购预算是指一定计划期间内（比如年度、季度或月度）采购所需的用款计划。

一般说来，制订采购预算主要是为了促进采购计划工作的顺利开展与完善，降低采购的风险，合理安排有限资源，提高资源分配的效率，对成本进行控制等。有效的预算应该包括以下要素。

按付款金额制订。采购预算应以实际付款的金额来编制，而不以采购的金额来编制，这样才能使预算工作对实际的资金调度工作发挥作用。

适当的时间范围。预算的时间范围要与企业的计划期保持一致，绝不能过长或过短。长于计划期的预算没有实际意义，浪费人力、财力和物力，而过短的预算又不能保证计划的顺利执行。

合理地配置资金。由于受到客观条件的限制，企业所能获得的可分配的资源和资金在一定程度上是有限的，因此企业的管理者必须通过有效地分配有限的资源来提高效率以获得最大收益。

建立资金的使用标准。预先设定资金的使用标准，能提高项目资金的使用效率，对采购过程中资金的使用情况随时进行检测和控制，能有效地控制资金的流向和流量，确保资金的使用额度在合理的范围内浮动。

有了采购预算的约束，采购计划才能真正得到贯彻执行，采购管理中资源分配的效率性才能有所提高，从而达到控制采购成本，协调组织经营的目的。

知识加油站

一个良好的企业不仅要赚取合理的利润，还要保证有良好的资金流。良好的预算既要注重实际，又要强调财务业绩。例如，某企业的每个部门都提交了它的年度预算，涉及部门一年内所要开展的各种活动和所需资金、人员等情况，高层管理人员和会计部门会根据年度财务计划来核定业务费用，使人员、资金、设备等与预测的需求相匹配。

4.1.5 编制预算需要这样进行

编制采购预算的行为是对组织内部各种工作进行稀缺资源的配置，目的是增强采购的科学性，提高企业经济效益。为了实现这一目标，在编制采购预算时，采购人员要牢记以下几点。

①编制预算前要进行深入的市场调研，广泛收集相关信息，包括：采购品的价格、该采购品的市场供求状况、国家的经济形势、汇率变化以及费用限额等。还要对这些信息进行必要的加工整理，作为编制预算的参考。只有如此，才能保证预算指标富有弹性，能灵活应对市场的变化，使采购预算能够切实发挥其控制作用。

②制订切实可行的预算编制流程、预算方法以及预算执行情况的分析监管办法等，以提高采购预算编制的科学性。

③设定必要的假定，使预算指标建立在一些未知而又合理的假定因素的基础之上，以利于采购预算编制工作的顺利进行。

④每项预算应尽量具体化、数量化。在编制采购预算时，每一项支出都要尽可能的具体详细，对每一项采购都要写明具体的数量和价格。这样做既有利于对预算编制的准确性进行审核，又有利于采购部

门发现能节约开支的环节。

⑤鼓励各方积极参与采购预算编制工作。因为采购预算是采购部门为配合企业的总体生产经营进行的预测，对所需要采购的商品数量按成本进行估计，它涉及企业的各个方面，采购预算如果由采购部门单独编制，会缺乏实际的应用价值。因此，采购预算的编制需要其他部门的配合，这样有利于各部门的沟通，有利于提高采购预算的科学性和可行性。

在牢记以上几点的基础上，制订初步采购预算时，采购人员需要考虑以下几方面因素。

◆ 存量管理卡及用料清单。

◆ 商定的库存水平和目前的交货周期。

◆ 相关期间的生产进度和生产效率。

◆ 主要原料和零部件的长期价格趋势。

◆ 物料标准成本的设定。

由于影响采购预算的因素很多，因此采购预算应随时准备调整。采购部门应与销售、生产等部门经常保持联系，针对销售、生产的实际情况调整计划和预算，并与财政部门配合做好资金分配工作。

知识加油站

预算编制中的一个难点是预算编制不可避免地要面对一些不确定因素，所以不得不预先假定一些预算指标之间的关系。例如，在确定采购预算的现金支出时，必须预先假定各种商品价格的未来走向。为此，在编制采购预算时，一方面要对历史数据进行充分分析，另一方面要对未来的判断设定合理的假定，这样才能保证采购预算的合理性和可行性。

在充分掌握影响采购预算的因素之后，采购预算的编制可以依据规范的预算编制流程进行，如图 4-2 所示。

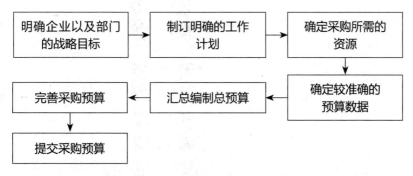

图 4-2

下面对整个流程进行分解，详细介绍流程中各个步骤的含义，以及对采购人员的操作要求。

第一步，明确企业以及部门的战略目标。采购部门作为企业的一个部门，在编制采购预算时要从企业总体的战略规划出发，审查本部门和企业的目标，确保两者协调一致。

第二步，制订明确的工作计划。采购人员必须了解本部门及相关部门（如生产部等）的业务活动，明确采购的责任和范围，制订出详细的工作计划。

第三步，确定采购所需的资源。按照详细的工作计划，采购人员要对采购支出做出切合实际的估计，预测为实现目标所需要的人力、物力和财力等资源。

第四步，确定较准确的预算数据。目前，普遍的做法是将目标与历史数据相结合来确定预算数，即对过去的历史数据和未来目标逐项分析，使收入和成本费用等各项预算切实、合理和可行。对过去的历史数据进行分析可采用比例趋势法、线性规划以及回归分析等方法，找出适用本企业的数学模型来预测。

第五步，汇总编制总预算。财务部对各部门预算草案进行审核、归集和调整，汇总编制总预算。

第六步，完善采购预算。该过程包括确定预算偏差范围、计算偏差值和调整不当预算偏差这 3 项内容，具体操作如图 4-3 所示。

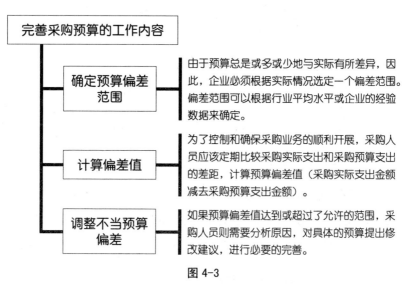

完善采购预算的工作内容	
确定预算偏差范围	由于预算总是或多或少地与实际有所差异，因此，企业必须根据实际情况选定一个偏差范围。偏差范围可以根据行业平均水平或企业的经验数据来确定。
计算偏差值	为了控制和确保采购业务的顺利开展，采购人员应该定期比较采购实际支出和采购预算支出的差距，计算预算偏差值（采购实际支出金额减去采购预算支出金额）。
调整不当预算偏差	如果预算偏差值达到或超过了允许的范围，采购人员则需要分析原因，对具体的预算提出修改建议，进行必要的完善。

图 4-3

第七步，提交采购预算。编制好的采购预算应该提交给企业负责人批准，批准后方可执行。

4.1.6 采购预算的编制方法

编制采购预算的方法有多种，比如固定预算、滚动预算、弹性预算、零基预算等。各种方法的编制原理不一样，各有各的特点，企业应根据自身的条件及所处的外部环境选择合适的预算编制方法。

（1）固定预算

又称静态预算，是指企业按照预算期内预定的经营活动水平，不考虑预算期内经营活动水平可能发生的变动而编制的一种预算。适用于市场稳定的成熟期企业，也适用于控制企业固定费用。

由于固定预算是一种比较简单的预算方法，所以如果企业预算水平偏低，则可以使用固定预算法。

（2）滚动预算

又称永续预算或连续预算，是指在预算的执行过程中自动延伸，使预算期永远保持在一定时期（一般为一年），每过一个月（或季度）可根据新的情况进行调整和修订后几个月（或季度）的预算。

滚动预算的编制程序为：凡预算执行过一个月后，即根据前一个月的经营成果，总结执行中发生的变化等信息，对剩余的 11 个月的预算加以修订，并自动后续一个月，重新编制一年的预算。这样逐期向后滚动，连续不断地以预算的形式来规划未来的经营活动。

由于滚动预算能够结合新的变化，不断调整或修订，因此可以保持预算的连续性与完整性，从而使预算充分发挥对实际采购工作的指导和控制作用。

但是，滚动预算是一种较为复杂的预算方法，编制的工作量较大，因此适合预算水平较高的企业。

（3）弹性预算

又称变动预算，是指在编制预算时，考虑到计划期间采购业务量可能发生的变化，根据固定成本、变动成本与经营活动水平的关系而编制出一套能适应多种采购业务量的财务预算，以便分别反映各业务量所应开支的费用水平。由于这种预算是随着业务量的变动做机动调

整，适用面广，具有弹性，故称为弹性预算。

弹性预算的编制程序为：确定某一相关范围，将其设定在正常生产能力的 70% ～ 110% 之间，然后以成本形态分析为基础，将成本区分为固定成本和变动成本两部分，某一项目预算数的计算公式为：弹性预算 = 单位变动成本 × 业务量水平 + 固定成本预算数。

弹性预算法能够适应不同经营活动情况的变化，可以方便地计算出在任何实际业务量水平下的预测成本，适用于处于初创期或成长期，市场份额和产品市场价格不稳定，业务量经常变动的企业。也适用于事后细致分析各项费用节约或超支的原因，及时解决发生的问题。

（4）零基预算

又称零底预算，是指在编制预算时，对于所有的预算支出均以零点为基础，不考虑其以往情况如何，从实际需要与可能出发，研究分析各项预算费用开支是否必要合理，进行综合平衡，从而确定预算费用。

零基预算的编制程序为：采购部门根据企业的经营目标，详细提出预算期内需要发生的各种业务活动及其费用开支的性质、目的和数额；对各项预算方案进行成本效益分析和审查；根据生产经营实际需要和资金供应的可能，进行择优安排，分配资金，落实预算。

零基预算不但能压缩经费开支，而且能切实做到把有限的资金用在最需要的地方，使资金利用更合理，从而提高经济效益。

由于一切开支都要从头进行分析研究，因而编制零基预算的工作量较大，费用较高。针对零基预算的缺陷与不足，合理的解决办法是：每 3 ~ 5 年编制一次零基预算，以后几年内再做适当调整，以减少浪费和低效。

4.2
采购量的确定要考虑库存

企业采购生产所需的物资时，不能盲目地一味购进，而不考虑相关原材料、辅料或生产设备的库存情况。如果不考虑库存这一影响因素，采购人员完成工作后可能会遇到库存量太大，造成原材料积压的困难。一旦原材料积压过多，难免会导致材料过时、变质、腐烂或失效，从而使企业蒙受不必要的经济损失。所以，采购人员在制订采购计划时，要将库存情况考虑在内。

4.2.1 库存周期是决定采购量的一个因素

库存是企业仓库中实际存储的货物，而每一种货物有其自身的库存周期，即货物"从无到有，再从有到无"的过程。库存周期关系到企业采购单的发出时间、产成品的出货安排以及计算安全库存和最佳采购补货时间等问题。

在实际工作中，有的企业和采购人员根据如下所示的计算公式表示库存周期与采购的关系。

采购周期 = 库存周转期 - 库存使用周期

库存使用周期 = 库存总量 ÷ 日均耗用量

由此可看出，库存周期与采购之间只是有间接关系，库存周期的长短只能影响采购活动的进行与否，无法通过库存周期的长短来准确地计算出下一期需要采购的材料物资的数量。

虽然采购人员不能利用已知的库存周期计算出准确的采购量，但可以通过库存周期分析出是否需要进行下一周期的采购，甚至大致估算出采购量。

如果货物或材料的库存周期较短，说明企业的库存周转速度较快，能以较低的库存水平满足较大的业务需求。此种情况下，企业在采购时就需要严格控制供应商的供货时间，防止供应商供货不及时而导致企业库存不足，进而影响生产进度和销售业绩。同时，可选择多采购一些材料物资，进而延长原来的库存周期，让企业"喘一口气"。

相反，如果货物或材料的库存周期较长，说明企业的库存周转速度较慢。此种情况下，企业在采购时可以与供应商商议一个合适的供货时间，既可以让供应商有充足的时间备货，也不会给企业自身造成库存积压。而且，如果刚好遇到供应商无法尽早供货，还可以通过适当延长交货时间来压低进货价格，降低企业的生产成本。也可以在原来采购计划的基础上少购进一些材料物资，调整原来的库存周期，使其缩短。

总地来说，如果原有库存周期短，一方面可按照原本的采购量计划和库存周期，采用较短的采购时间完成采购；另一方面，可维持原来的采购时间不变而加大采购量，进而调整以后的库存周期使其延长。原有库存周期长，一方面可按照原本的采购量计划和库存周期，给足供应商备货时间，用较长采购时间完成采购；另一方面，可维持原来的采购时间不变而减少采购量，进而调整以后的库存周期使其缩短。

4.2.2 把握零库存和适当库存

"零库存"是一种特殊的库存概念,其含义是指以仓库存储形式的某种或某些物品的储存数量很低,甚至可以为"零",即不保持库存。而适当库存就是企业常说的"安全库存",它是为了预防需求或供应方面不可预测的波动,而在仓库中经常应保持的最低库存量。一般来说,采购量与库存量之间的关系可用如下计算公式表示。

采购量 = 安全库存量 - 实际库存量

当企业库存现状满足采购的触发条件时,企业就需要制订计划进行采购。而采购的触发条件一般是:库存量 - 耗用量(销量)< 最低安全库存量。也就是说,当企业材料物资的库存量扣除即将耗用的数量后的余下数量,小于事先确定的最低安全库存量时,采购人员就必须开始制订采购计划并积极实施采购工作,以保证安全库存量。

一个企业在初始状态下,库存结构为多种材料物资和产品的最大安全库存量。当销售行为发生时,材料物资和产品的库存量就会减少,当材料物资和产品的最终库存量等于或少于最小安全库存量时,就会产生采购行为。采购回来的材料物资和产品入库后,相应的库存量就会增加。再次发生销售行为,库存量又会减少。这样循环往复,就会使企业的库存结构每天都发生变化。而库存结构一旦变动,就是在提醒采购人员,看看材料物资够不够?需不需要进行采购活动等。

在实际采购环节中,采购人员根据生产部门提供的安全库存量,可计算出采购量。而对于企业来说,安全库存量的大小主要由顾客服务水平(或订货满足)来决定,采购管理制度严谨的企业会根据顾客服务水平来推算安全库存量,进而方便采购人员确定采购量。相关计算公式如下。

顾客服务水平 = 年缺货次数 ÷ 年订货次数

通常，在确定安全库存量时，一般将需求变化情况认定为符合正态分布，涉及均值、标准差和提前期（即采购发生日期到库存量用完日期之间的时间段）等因素。当提前期内需求状况的均值和标准差一旦被确定，利用下面的公式就可计算出安全库存量。

安全库存量 = 一定顾客服务水平需求化的安全系数（Z）× SQRT（提前期的长短 L）× 提前期内需求标准方差

下面通过一个具体的案例来学习企业是如何确定安全库存量的。

某饭店的啤酒平均日需求量为 15 加仑，且啤酒需求情况服从标准方差为 3 加仑 / 天的正态分布，如果提前期是固定的常数 9 天，且要满足 95% 的顾客满意度，则相关计算过程如下。

要求顾客满意度为 95%，即 F(Z) = 95%，则 Z = 1.65（通过查询标准正态分布表可得知）。根据相应公式就可求出安全库存量。

安全库存量 = 1.65 × 3 × SQRT(9) = 14.85（加仑）

即在满足 95% 的顾客满意度的情况下，企业的安全库存量为 14.85 加仑。这里的 SQRT 为特定的统计原理，即开平方根。

另外，如果提前期发生变化，而需求情况是确定的常数，则安全库存量的计算公式会有所不同。

安全库存量 = 一定顾客服务水平需求化的安全系数（Z）× 提前期内需求标准方差 × 提前期内的日需求量（d）

该饭店的服务均值为 9 天，其他情况不变，则要满足 95% 的顾客满意度的安全库存量计算如下。

安全库存量 = 1.65 × 3 × 15 = 74.25（加仑）

由上述案例可知，提前期的固定与否会影响企业在计算安全库存量时公式的选择。

如果采购部门判断出企业的安全库存量小于或等于实际库存量，则可以不用实施采购活动，如果判断出安全库存量大于实际库存量，采购人员就需要开始计划进行采购工作。

4.2.3 其他 5 种采购量计算的方法

除了前述介绍的确定采购量的方法外，还有一些其他的采购量计算方法，具体有以 5 种：经济订购批量法、批量对批量、固定期间内需求、固定订货间隔时间和 SM 算法。

（1）经济订购批量法

只要当前库存不能满足需求，就固定地按照经济订货批量补货，即使是与需求量只差一件材料，也要补足，这种方法就称为经济订购批量法。比如，库存量为 50，而需求量为 51，其固定的订购量为 100，当前只差一件材料，但根据经济订购批量法的规定，也要采购 100 件材料。由此可知，在该方法下，期末库存可能会很高，库存的持有成本比较大。如图 4-4 所示的是采用该方法进行采购的库存计划模板。

周	1	2	3	4	5	6	7	8	9	10	合计
需求	77	42	38	21	26	112	45	14	76	38	489
补足量	147	0	147	0	0	147	0	0	147	0	588
期末库存	70	28	137	116	90	125	80	66	137	99	948
订货成本	132	0	132	0	0	132	0	0	132	0	528
持有成本	42	17	82	70	54	75	48	40	83	59	569

图 4-4

第 1 周需求量为 77，企业采购 147 完成补货，期末库存为 70；第 2

周需求量为42，库存还能满足该需求，所以不采购，即"补足量"为"0"，期末库存为28（70-42）；第3周需求量为38，库存不能满足需求，所以要采购，此时按固定的采购量147补货，期末库存为137（28+147-38）；第4周需求量为21，库存能满足该需求，所以不采购，"补足量"为"0"，期末库存为116（137-21）。以此类推，就形成了如图4-4所示的库存计划模板。在该方法下，采购人员不需要考虑制订采购计划，只要库存不能满足需求了，就按同样的订货量实施采购工作即可。

（2）批量对批量

要多少补多少，不多不少刚刚好。这种方法会使企业采购活动频繁，采购次数多，库存的采购成本较大。并且，补足量就是需求量，企业没有期末库存，容易造成材料物资断货，进而影响企业生产活动的进行。如图4-5所示的是该方法下的库存计划模板。

周	1	2	3	4	5	6	7	8	9	10	合计
需求	77	42	38	21	26	112	45	14	76	38	489
补足量	77	42	38	21	26	112	45	14	76	38	489
期末库存	0	0	0	0	0	0	0	0	0	0	0
订货成本	132	132	132	132	132	132	132	132	132	132	1320
持有成本	0	0	0	0	0	0	0	0	0	0	0

图 4-5

在该方法下，采购人员也不需要另行计算采购量，生产部门上报需要多少材料物资就采购多少材料物资。

（3）固定期间内需求

采购部门确定一个固定的采购周期，然后补足相应的需求量。比如，固定期间为两周，则每两周进行一次采购补货，且只补足这两周的需求量。这是"批量对批量"的另一种形式，只有在发生采购行为的那一周有采购成本和持有成本，没有发生采购行为的那一周既没有采购成本也没有持有成本。如图 4-6 所示的是该方法下的库存计划模板。

周	1	2	3	4	5	6	7	8	9	10	合计
需求	77	42	38	21	26	112	45	14	76	38	489
补足量	119	0	59	0	138	0	59	0	114	0	489
期末库存	42	0	21	0	112	0	14	0	38	0	227
订货成本	132	0	132	0	132	0	132	0	132	0	660
持有成本	25	0	13	0	67	0	8	0	23	0	136

图 4-6

第 1 周和第 2 周的总需求量为 119（77+42），所以第 1 周的采购量为 119，第 2 周不采购，期末库存为 0；第 3 周要进行采购活动，且采购量为第 3 周和第 4 周的总需求量 59（38+21），第 4 周不采购，期末库存为 0；第 5 周要进行采购活动，以此类推。该方法要求采购部门在单周进行采购活动，且采购量为后两周的总需求量，而双周不用进行采购活动。在实际操作过程中，单双周是由企业自行确定的，所以企业也可能是在双周的时候进行采购补货。

（4）固定订货间隔时间

采购部门确定一个采购间隔时间，然后补足相应的需求量，这种方法可以理解为固定期间内需求法的一个变形。如图 4-7 所示的是该方法下的库存计划模板。

周	1	2	3	4	5	6	7	8	9	10	合计
需求	77	42	38	21	26	112	45	14	76	38	489
补足量	157	0	0	159	0	0	135	0	0	38	489
期末库存	80	38	0	138	112	0	90	76	0	0	534
订货成本	132	0	0	132	0	0	132	0	0	132	528
持有成本	48	23	0	83	67	0	54	46	0	0	321

图 4-7

由图 4-7 可知，企业每隔两周就进行一次采购活动，也就是说，这里的固定订货间隔时间为两周，也是指"固定期间内需求法"下固定期间为 3 周的一种采购量计算方法。第 1 周采购量为第 1、2 和 3 周总需求量 157（77+42+38），第 4 周采购量为第 4、5 和 6 周总需求量 159（21+26+112），以此类推，形成固定订货间隔时间法。

（5）SM 算法

SM 算法是由一位供应链管理专家发明的，其出发点是寻找一种最简单的算法来有效控制库存。而很多人认为库存控制最简单的做法就是一次性完成补货，但实际上是否如此呢？在 SM 算法下就可通过计算平均库存（即 TRC/T 的比值）来验证。TRC 代表期间总库存成本，T 代表期间。假设如图 4-8 所示的是用 SM 法算出的前 6 周平均库存成本的情况。

周	1	2	3	4	5	6
需求	77	42	38	21	26	112
TRC/T	132	78.6	67.6	60.15	60.6	106.5

图 4-8

$132 = 132/1$，$78.6 =（132+0.6×42）/2$，$67.6 =（132+0.6×42+2×0.6×38）/3$，其余比值以此类推，式中的 0.6 为该算法下的某一代表值，具体取值为多少将根据公司采购实情而定。观察前 6 周的计算结果可发现一个趋势，前 4 周的比值一直呈下降趋势，到第 5 周开始出现拐点，开始回升。SM 算法的独到之处就在于此：哪一个时间的比值开始出现回升，就从那个时间重新采购补货。由此可知，企业在经营过程中，不能一次性完成补货，第一次采购补货只能满足一定时间的材料物资需求量。

就图 4-8 中所示的情况而言，第一次采购补货只能满足前 4 周的需求量，即 178（77+42+38+21），第 5 周又要重新采购补货，在第 5

周进行采购活动时，又假设一次性将以后 6 周的需求全部一次性补充回来，按照同样的方法计算 TRC/T 比值，进而又能确定下一个采购时间。如图 4-9 所示。

周	1	2	3	4	5	6	7	8	9	10
需求	77	42	38	21	26	112	45	14	76	38
TRC/T	132	78.6	67.6	60.15	60.6	106.5				
					132	99.6	84.4	69.6	92.16	
									132	77.4

图 4-9

所以，SM 算法可准确地计算出企业进行采购活动的具体时间。

4.2.4 JIT 采购，限制浪费，减少库存

JIT 采购又称为准时化采购，它是由准时化生产管理思想演变而来的，其基本思想为：把合适的数量、合适质量的物品，在合适的时间供应到合适的地点。

准时化采购不但能最好地满足企业生产需要，而且可以极大地消除库存，最大限度地避免浪费，从而极大地降低企业的采购成本和经营成本，提高企业的竞争力。该采购方法在美国企业中使用比较广泛，且取得了良好的应用效果。

由于实施 JIT 采购对企业的基础工作、人员素质和管理水平等要求较高，所以，在我国实施该采购方法的企业数量并不多，主要集中在汽车和电子产品等行业。它是准时化生产系统（JIT）的重要组成部分，而 JIT 系统是指企业在生产自动化和电算化的情况下，合理规划并大大简化采购、生产及销售过程，使原材料进厂到产成品进入市场能够紧密衔接，尽可能减少库存，从而达到降低产品成本、全面提高产品质量、

劳动生产率和综合经济效益的目的。

JIT采购具有7个明显的特点：合理选择供应商，并与之建立战略伙伴关系，要求供应商进入制造商的生产过程；小批量采购；实现零库存或少库存；交货准时，包装标准；信息共享；重视教育与培训；严格的质量控制，产品国际认证。因此，可根据这些特点进行采购活动。

采用较少的供应商。企业可考虑单源供应，即对某一种原材料或外购件只从一个供应商那里采购。一方面，企业对供应商的管理比较方便，且可以使供应商获得内部规模效益和长期订货，从而使购买原材料和外购件的价格降低，有利于降低采购成本；另一方面，可以使企业成为供应商的一个非常重要的客户，加强双方之间的相互依赖关系，有利于建立长期稳定的供需合作关系，使材料物资的质量更有保证。但是，这种做法也有风险，比如供应商可能因意外原因中断交货，企业不能得到竞争性的采购价格，对供应商过于依赖等。

进行小批量采购。由于企业对原材料和外购件的需求是不确定的，而JIT采购又旨在消除原材料和外购件库存，为了保证准时且按质、按量供应所需的原材料和外购件，采购必然是小批量的。而小批量采购必然会增加运输次数和运输成本，对供应商来说不划算，尤其是当供应商要进行远距离运输时，实施JIT采购的难度会特别大。因此，实施小批量采购的前提，要么是供应商在地理位置上靠近企业；要么是由一个专门的承包运输商或第三方物流企业负责送货，按事先达成的协议搜集分布在不同地方的供应商的小批量物料，准时按量送到企业的生产线上；要么是让一个供应商负责供应多种原材料和外购件。

选择优质供应商。要顺利实施JIT采购模式，在选择供应商时就需要对供应商按照一定标准进行综合评价，评价的标准包括产品质量、交货期、价格、技术能力、应变能力、批量柔性、交货期与价格的均衡、价格与批量的均衡以及地理位置等。选择了优质供应商并建立良好合作关系后，很多工作就可简化，比如订货、修改订货、点数统计和品质检验等，从而减少浪费，降低采购成本。

保障采购物资的质量。实施 JIT 采购后，企业的原材料和外购件的库存很少甚至为零，因此，为保障企业生产经营的顺利进行，采购物资的质量必须从根源抓起，质量问题由供应商负责，而不是由企业的物资采购部门负责。为此，供应商最好能参与企业的产品设计过程，而企业也要帮助供应商提高技术能力和管理能力。

保证采购供需信息的准确性和实时性。实施 JIT 采购时要求供应商和企业之间进行有效的信息交流，而信息内容包括生产作业计划、产品设计、工程数据、质量、成本和交货期等。

JIT 采购是基于供应链管理环境下的采购方式，而在供应量管理环节中的采购活动是以订单驱动方式进行的，生产订单是在客户需求订单的驱动下产生的，而生产订单驱动企业生成相应的采购订单，采购订单再驱动供应商。所以，JIT 采购模式也是一种订单驱动模式，驱动供需双方都围绕订单进行生产经营，实现准时化和同步化运作。

4.3
有生产目标才能更好地计划采购

企业在实际生产经营过程中，不仅在 JIT 采购模式下才会出现生产订单驱动采购订单的生成，事实上，当下市场中很多企业的经营活

动都通过生产驱动采购。所以，企业有了生产目标才能更好地计划采购活动的实施。

4.3.1 研究下一阶段的生产计划

生产计划是关于企业生产运作系统总体方面的计划，是企业在计划期内对应达到的产品品种、质量、产量和产值等生产任务的计划以及对产品生产进度的安排。生产计划由企业的生产部门根据销售部门接受的产品订单情况而制订，而生产计划又将作为企业采购部门采购材料物资的标准和依据，采购人员根据生产部门的生产计划制订合适的采购计划，保证生产部门一定时期内所需的材料物资是充足的，同时保证生产部门在使用材料物资后不会有太多的库存。

因此，采购部门及相关采购人员要认真研究生产部门提供的生产计划，从而做出恰当的采购计划。一般来说，采购人员要根据生产计划和物料清单编制采购计划。对于一个企业来说，为了保证其生产计划的需要，会涉及很多方面的物资材料，比如直接用于生产产品的生产物资、工作人员的办公物资以及辅助生产所需的机器设备等。

某企业 2017 年 9 月接到一批水泥订单，共 5000 吨，已知生产一吨水泥需要 1.3 吨石灰石，0.1 吨煤灰，0.015 吨铁粉，0.02 吨煤矸石。

企业采购人员分析其生产计划可知，需要 6500 吨石灰石，500 吨煤灰，75 吨铁粉，100 吨煤矸石。

如果企业的这些原材料都没有存货，则采购人员在制订采购计划时，要比需求量多购进一些，购进量要符合企业每一种原材料的安全库存量。比如，石灰石的单位安全库存量为 2 吨，煤灰的单位安全库存量为 0.5 吨，铁粉的单位安全库存量为 0.1 吨，煤矸石的单位安全库存量为 0.1 吨，那么，该企业在制订采购计划时，石灰石、煤灰、铁粉和煤矸石的采购量应为 3.3（2+1.3）吨、0.6（0.1+0.5）吨、0.115 吨（0.015+0.1）和 0.12（0.02+0.1）吨，而不是 1.3 吨、0.1 吨、0.015 吨和 0.02 吨。

如果企业的这些原材料都还有存货，比如，石灰石的单位库存量有 0.5 吨，煤灰有 0.05 吨，铁粉有 0.01 吨，煤矸石有 0.01 吨，则采购计划中，石灰石、煤灰、铁粉和煤矸石的采购量应分别是 2.8（2-0.5+1.3）吨、0.55（0.5-0.05+0.1）吨、0.105（0.1-0.01+0.015）吨和 0.11（0.1-0.01+0.02）吨。

上述案例中涉及企业的生产物资采购，采购量可根据生产计划和库存量确定。如果是企业的工作人员办公物资或辅助生产的机器设备等需要采购，则相关部门申请购买多少，经过审核确定后就采购多少。

4.3.2 确定采购项目

企业实施采购计划时，采购的项目不仅包括生产用材料物资，还有非生产性材料物资和固定资产。在一段时间内，企业为了满足经营活动的需要，不仅只会采购生产用材料物资，还会采购其他物资，而为了防止漏掉需要采购的项目，采购人员需要确定好采购项目，列出一个采购清单，结合供货周期、库存情况和市场行情等综合因素，合理编制《月度采购计划表》，然后按照采购清单和计划表实施采购活动。

比如，水泥生产企业的采购项目主要包括生产物资石灰石、煤灰、铁粉和煤矸石，另外还可能涉及生产用的固定资产，如破碎设备、粉磨设备、收尘设备、选粉设备、热工设备和输送设备等。除此之外，其他部门还可能申报购买办公用品，如电脑、办公用笔和笔记本等。这些生产物资、固定资产和办公用品等都属于采购人员在制订采购计划时需要列明的采购项目。当然，若当期生产部门没有提交购置生产

设备的申请材料，采购人员制订的采购计划中就不涉及生产设备这一采购项目；或者其他部门当期没有提交办公用品的购置申请，采购项目也不涉及办公用品这一采购项目。

如图 4-10 所示的是某公司的设备采购清单，图 4-11 所示的是企业的请购单模板。

设备采购清单

序号	主要设备	数量	单位	预算单价	预算总价
1	70 寸智能教学终端	1	套	3.5	3.5
2	BMS 锂电池管理系统实训台	1	套	13	13
3	电动汽车动力系统实训台+电动车数据检测仪	1	套	14.35	14.35
4	交流立式充电桩	1	套	1.5	1.5
5	奔驰专用诊断设备 BENZ STARC5（带电脑、电脑架、诊断线）	1	套	1.8	1.8
	合计				34.15

图 4-10

请购单

填报单位：　　　　　　　　　　　　　　　　　　　　　请购单号：

序号	品名	规格	单位	需求数量	库存数量	最低库存量	建议采购数量	预算情况		需求时间	备注
								预算内	预算外		

请购单位意见：

备注：适用于原辅包材采购项目．
采购部签收：

图 4-11

CHAPTER 05

采购方式——询价与单一来源采购

企业采购部门在实施采购计划时，对于采购的方式也要慎重考虑。不同的材料物资可能适用于不同的采购方式，比如一些特殊性材料，其供应商比较少，则企业的采购方式可能只适合单一来源采购或者询价采购。本章着重学习询价和单一来源这两种采购方式。

5.1

做好询价前的准备工作

采购方式中的询价方式是指采购人员向相关的潜在供应商（一般不少于 3 家）发出询价单让其报价，然后在报价的基础上进行比价和议价，同时确定最优供应商的采购方式。由此可见，该采购方式下，采购人员需要做一些询价前的准备工作。

5.1.1 明确采购价格种类

企业采购人员在进行采购工作时，会遇到很多采购价格，如到厂价与出厂价、现金价与期票价、净价与毛价、现货价与合约价及定价与实价等。不同的价格有不同含义，采购人员要牢记这些价格的含义（参考本书 2.1.1 节的内容），避免采购过程中弄错采购成本。

因为各种价格在具体实施采购工作的过程中是不一样的，有些价格高，有些价格低。比如，一般情况下，出厂价会比到厂价高，采购人员要根据公司的实际情况，决定使用哪一个价格作为采购价，这一决定会关系到企业的采购成本。

又比如，采购活动的买卖双方的定价与最终实际支付的价款不一致时，采购成本的确定要以实价为准，而不是定价。或者，企业采购人员在向供应商订货时约定了一个采购价格，此时的采购价格称为"毛价"，而供应商在企业支付货款前给予了一些折扣优惠，最终企业以折扣后的价格向供应商支付采购的货款，此时企业实际支付的采购货款称为"净价"，这种情况也会影响采购成本。

5.1.2 掌握市场价格水平

对采购人员来说，掌握所购材料物资的市场价格水平可严格控制采购成本。而如何才能较好地掌握材料物资采购的市场行情呢？这就需要采购人员进行市场价格信息的收集。在收集材料物资的市场价格信息时，需要采购人员明确和解决的工作内容有：信息调查的主要范围、信息收集的方式、信息收集的渠道和处理调查资料等。

（1）信息调查的主要范围

不同公司的采购活动有不同需求，市场调查的范围也会不同。若在采购前，采购人员对要购买的材料物资本身就不熟悉，则市场调查的目标应先定位在对所购材料物资的认识上，而不是货源、售后服务以及市场周期等情况。若采购人员对所要采购的材料物资已经非常熟悉，则信息调查的重点范围就应放在货源、售后服务和市场周期等方面。

也就是说，企业采购人员在对即将采购的材料物资进行信息调查时，主要调查范围有：材料物资本身是什么，各种货源下的市场价格是否有区别，同类材料物资与上一期的市场价格有无重大变化，不同供应商对同一类材料物资报出的价格高低，大多数供应商报出的同类材料物资的价格范围在哪一区间，所有调查对象报出的同类材料物资的最低价和最高价分别是多少，以及市场中同一类材料物资的平均价格是多少等。一切与价格相关的信息都是采购人员信息调查的范围。

（2）信息收集的方式

企业采购人员在进行价格的市场调查时要掌握一定的信息收集方

式，这样才能提高掌握市场价格水平的效率。而市场调查的方式有很多，但适合某一次调查的方式可能只有一种，采购人员需要根据调查目的选择最合适的调查方式。

比如，某些机械生产企业要采购生产用的零部件，则调查方式可以是网络搜索价格资料，也可以到当地五金城实地考察，具体选择何种调查方式，要看企业自身的经济实力。如果用于市场价格调查的经费不足，则可选择网络了解；如果经费充足，则可选择实地调查。毕竟实地调查更贴合实际情况，收集到的相关材料物资的市场价格水平会更加准确。也就是说，企业采购人员在收集市场价格信息时，要么采用线上收集方式，要么采用线下实地考察方式。

（3）信息收集的渠道

对于企业采购人员来说，不同的材料物资，由于其大小、性质和用途等的不同，会导致价格信息的收集渠道不同。比如，建筑材料一般都比较大且重，一次性采购的量可能比较多，如果市场价格没有调查准确，则对企业控制采购成本会造成较大影响，所以合适的价格信息收集渠道应为实地考察，这样可以避免网上信息的失真性带来成本差异较大的风险。

又比如，生产性企业只需要购进一台生产用机器设备，虽然其体积和重量可能较大且较重，但因为购买的量不多，且网上给出的价格差异也不会很大，所以采购人员可选择网上比价来收集价格资料。另外，生产性企业在其经营过程中涉及最多的采购项目是生产性材料物资，在对这样的材料物资进行市场价格的信息收集时，主要渠道是供应商座谈会或者讨论会，采购人员直接面对各大供应商，实时了解材料物资的价格行情，为控制采购成本创造有利条件。

（4）处理调查资料

由于采购人员在调查材料物资的市场价格水平过程中，涉及的价格档次、材料物资种类、供应商和信息收集渠道等内容繁多，为了做好各项内容的对比分析，就需要采购人员处理调查资料，包括资料的分类整理、合并和分析等工作。如图 5-1 所示的是采购人员进行市场价格调查时常常用到的比较简单的价格对比表模板。

价格对比表

序号	供应商	物料名称	规格型号	材质	单价(元)	税率	结算方式	送货/自提	备注
1	供应商 1								
2	供应商 2								
3	供应商 3								
4	......								
5									
6									

采购意见：

建议选择　□供应商 1　　□供应商 2　　□供应商 3

制表：　　　　　审核：　　　　　批准：

图 5-1

如图 5-2 所示的是某销售公司采购商品时的市场价格调查对比表。

报价对比表

名称	品牌型号	白 报价	李 报价	关林 报价	网上商城 报价	备注	决定采购价格
电动投影幕布	维仕达（100寸 2米×1.5米）	280	240	/	270	经济	
	维仕达（120寸 2.4米×1.8米）	380	360	/	370		
	三星（100寸 2米×1.5米）	310	/	/	/	供货商少	
	三星（120寸 2.4米×1.8米）	380	/	/	/		380
	红叶（100寸 2米×1.5米）	/	/	240	519	评价好，但是价格贵	
	红叶（120寸 2.4米×1.8米）	/	/	340	749		
名称	型号	白 报价	李 报价	关林 报价	网上商城 报价	备注	决定采购价格
电话交换机	国威赛纳WS824-M416	400	410	/	311	大众化，经济耐用	400
	昌德讯	450	/	550	390	评价好，但是价格贵	
电话机	步步高HCD007(6082)	60	69	65	66	两件包邮	60
	合计						840
制表人：						日期：2017-5-25	
领导审核意见：							

图 5-2

采购人员在对将要采购的材料物资进行了市场价格水平调查后，要确定一个采购"底价"，具体实施采购工作时就以底价为标准，向各大供应商发出询价单或询价函，确定采纳哪家供应商的报价时就需要以底价为最高标准，即接受的供应商报价最高不得高于企业自身确定的"底价"。

5.1.3 询价采购的 6 个注意事项

企业采购部门开展询价采购活动时，为了保证企业能成功购买理想价格的材料物资，需要采购人员着重掌握如下所示的 5 个注意事项。

◆ 最大程度地公开询价信息

企业采购部门可参考公开招标的做法，金额较大或技术复杂的询价项目，其采购信息应在省级和中央级媒体上发布，最低标准是在地级市的党报、采购网或电视台发布，扩大询价信息被知晓的范围和概率。公开询价信息时要注意，信息发布要保证时效性，让供应商有足够的反应时间，另外，询价结果也应及时公布。

◆ 更多地邀请符合条件的供应商参加询价

被询价对象要由采购部门专业的询价小组集体确定，而询价小组应根据企业的采购需求，从符合相应资格或条件的供应商名单中确定不少于 3 家的供应商，力求让更多的符合条件的供应商参加到询价活动中来，以增加询价竞争的激烈程度，推动询价活动的顺利进行。

◆ 发展更多的询价方式

企业与供应商之间的地理位置可能相去甚远，为了方便各大供应商参加询价活动，解决供应商不能亲临企业询价活动现场的困难，企业需要发展更多便捷的询价方式，如网上询价、传真报价和电话询价等。

◆ 实质响应的供应商并不一定要"3 家以上"

政府采购法规定，企业发出询价邀请后，供应商达到 3 家以上即可，而对于参加询价活动并对询价文件作出实质响应的供应商不是一定要达到 3 家，能够达到两家也是可行的。因为采用询价采购方式的一般是较小的采购项目，而这样的项目无法吸引大牌供应商，所以，很多时候真正对询价作出响应的商家达不到 3 家甚至 3 家以上。如果一定要达到 3 家供应商响应询价文件，则可能使询价活动陷入僵局。因此，询价活动的供应商数量要求只是形成竞争的一个前提，实际操作时不能在供应商数量上斤斤计较且花费太多时间。

◆ 尽量不要定牌采购

"定牌采购"的意思是指定采购的品牌进行询价，这是询价采购中最容易导致询价失败的一种采购方式。事实上，在询价采购中，"定项目、定配置、定质量、定服务而不定品牌"才是正确的做法，真正引导供应商进行品牌竞争，可防止"陪询串标"的行为发生，让混水摸鱼借机抬高采购价格的供应商无法出现在询价采购活动中，让企业采购人员真正采购到质优价廉的材料物资。

2017 年 9 月的某日，一单位对一套硬件防火墙系统进行询价，确定采购某一著名品牌 A。已知采购预算为 12 万元，询价如期举行。在询价截止时间前共有 5 家供应商前来参加，主持人宣布询价活动开始，采购人员代表重申了项目配置、质量要求、服务和付款方式等有关要求。

过程中，有的供应商提出此次采购的防火墙已被控货，价格降不下来，正常成本仅为 7.5 万元左右，但此次被控货后打听到的价格却是 15 万元以上。在供应商进入报价阶段时，会议室内的固定电话铃声响起，对方称自己是 ×× 公司，想参加这次询价。该单位感到很奇怪，之前并没有向这家公司发出询价邀请，为什么会不请自来。于是，该单位

感觉这其中有问题，决定暂停询价，请供应商等候通知。

询价刚被终止，自称是 A 品牌防火墙系统的厂家甲也亲自到单位来，请求该单位采购其产品，价格好"商量"。经过单位的仔细调查发现，原来是甲供应商在后台操控着此次询价活动，指使 ×× 公司前来"陪标"，凑足商家数，防止询价活动的参加人数达不到 3 家的情况。

如果企业进行定牌询价，就会给供应商一种"非买不可"的感觉，这就会使供应商给出的报价没有商量的余地，甚至一直居高不下。所以，企业在组织询价采购活动时，要尽量避免定牌采购。

◆　不能仅以价格高低来取舍供应商

相关法律规定，采购人员应根据"符合采购要求、质量和服务，且报价最低"的原则确定成交供应商，这是询价采购确定合作供应商的基本原则。但不少企业将该原则片面地认为是"谁的价格最低就选谁"，导致供应商在恶性的"价格战"中无法获利，进而促使其忽视产品的质量和售后服务。

因为，过低的价格往往是以牺牲可靠的产品质量和良好的售后服务为条件的，所以，无论是采购人员还是供应商，都要理性地对待采购价格的问题，明确价格是询价中的关键因素而非唯一因素。在确定供应商时，要综合评价价格、质量和售后服务等因素。

5.2
采购人员询价，供应商报价

企业采购部门组织询价活动时，过程中涉及的两个主要环节就是采购人员询价和供应商报价。采购人员如何向供应商更好地表达自己的询价意愿？如何对供应商的报价做出正确的取舍处理？如何在相同或相似报价的供应商之间做出合适的选择？这些都是采购人员需要掌握的询价采购技巧和方法。

5.2.1 制作一份专业规范的询价单

询价采购中的"询价"是指企业针对所要采购的材料物资向供应商询问交易条件的行为，比如，某一种物料以前没有向某供应商采购过，则就需要向该供应商询问，以获得来自该供应商的关于材料物资的各种信息。不论是生产性企业采购生产用材料物资，还是商业企业采购直接用于销售的商品，"询价"这一行为一般都由买方做出。

询价通常有口头和书面这两种形式，在询价过程中，为使供应商不至于发生报价上的错误，采购人员通常附有辅助性文件，例如，材料物资规格书、商品分期运送的数量明细表等。而正规企业有其严格的采购流程，在询价环节就会涉及到询价单的发出与收回，因此，制作一份专业规范的询价单就是采购人员的首要工作。

询价单是采购企业向供应商提供的一个关于报价的文件，它包含采购单位的信息，主要包括供应商对采购企业需要购买的物资材料进行报价的内容，以及报价付款方式、报价交货地点、报价是否含税和运费、报价有效期和报价单位的具体信息等内容。由此可看出，询价单其实就是事先为供应商提供一个便于报价的表格，供应商只需要在询价单上报填自家公司销售相应材料物资的价格即可。

如图 5-3 所示的是一般的询价单模板，询价单模板没有统一规定的样式，可根据公司自身情况自行制定。

××公司询价单

询价单位：×××公司
联系人：×××
传　真：×××××
电　话：×××××
日　期：××年××月××日

您好！首先感谢您为我司真诚报价，希望贵公司能提供优惠及符合我方需求的报价，以获得双方生意往来的机会，谢谢！

表1

序号	（设备/材料……）名称	规格	单位	数量	单价	合计	备注
1							
2							
3							
4							
5							
						总合计	

备注：

1.报价付款方式：现金（　）　月结45天（　）　月结60天（　）　月结90天（　）

2.报价交货地点：＿＿＿＿＿＿＿＿＿＿＿＿＿＿＿＿

3.是否含税和运费：＿＿＿＿＿＿＿＿＿＿＿＿＿＿

4.报价有效期：＿＿＿＿＿＿＿＿＿＿＿＿＿＿＿＿

5.供应商收到采购询价单后，应在24小时内报价并回传。

报价单位（公章）：＿＿＿＿＿＿
法定代表人（签字）：＿＿＿＿＿＿
报价日期：＿＿＿＿＿＿

图 5-3

5.2.2　采购人员进行技巧性询价

采购人员在对供应商进行询价时，要注意一些技巧，才能更顺利地促成询价和报价工作。

掌握品名和料号的正确性。品名和料号在每一个供应商和不同的采购公司有其独特的代表性，所以在使用上要特别注意正确性。有些大型企业的料号多达 10 多个，甚至还有数字和英文字母穿插在料号或品名中。如果采购人员对品名和料号不熟悉，会给人一种不专业的感受，这会影响询价工作的开展。

要准确实际地给出采购物资的需求量。通常，供应商在报价时都需要了解购买方的需求量，因为采购量的多少会影响价格高低的计算。购买方在向供应商询价时，要真实地说明企业的年需求量、季度需求量或月需求量等。有的企业担心向供应商提供的需求量过少会得不到合理的采购价格，因此就随意地夸大需求量，这时虽然可以获得量产价格，但实际进行采购时却无法达到询价时报给供应商的采购数量，供应商要么会提高价格，要么会降低对企业的服务质量，甚至停止供应材料物资。这样一来，企业会得不偿失。所以，在询价过程中，要向供应商提供准确且符合实际的采购物资数量。

询价时一般给出企业认为的最低采购价格。在采购企业询价和供应商报价的这一往来过程中，可能会涉及"讨价还价"的细节，为了避免一开始给出较高的价格而让企业自身陷入"没有商量余地"的境况，企业可以先给出采购的最低计划价格，然后在与供应商往来议价后相应提高采购价格，既让企业自身控制好采购成本，也使供应商有利可图，达到双赢的效果，才能促使询价 - 报价过程的成功。

询价时定价格区间和采购要求。定价格区间可筛选掉一些报价过高的供应商，缩小选择范围。给出企业的采购要求，促使供应商迎合企业，而不是企业迎合供应商，这样可更加精准地找到合适的供应商。

根据采购计划的缓急情况选择相应的询价方式。采购人员在实施采购计划时，按照设备材料的采购周期、缓急程度、市场行情及以往询价记录，选择以电话、传真、网络或实地会议等方式进行询价。比如，询价活动邻近采购计划中的采购日期，来不及安排实地询价会议，则可通过电话、传真以及网络等方式进行询价。

有的采购计划可直接核价。凡属于合约采购项目的，企业采购部

可依据合约价格直接核价，无需另外组织供应商参与会议并进行询价。

5.2.3 熟练处理供应商的报价

企业采购人员每天都可能收到很多份报价单，如何确定供应商报价是否合理是让采购人员比较头痛但又不得不面对的事。

某生产性企业接到新的产品订单，经过生产人员对库存的核查发现原材料不足以生产出订单中的产品，所以向采购部门提交了材料物资采购申请。采购人员针对生产部门提交的材料物资申请单，向各大供应商发出询价，得到了如下 4 份报价：供应商 A 给出 1 元 / 件；供应商 B 给出 0.95 元 / 件；供应商 C 给出 0.9 元 / 件；供应商 D 给出 0.85 元 / 件。那么，企业选择向供应商 D 采购物资是最便宜的。

但经过对供应商的全面了解后发现，D 供应商是一家规模小、人员素质差、管理水平低且无品质保证能力的企业，且是为了抢占市场而采取了低价格攻势；B 和 C 虽然价格相对较高，但在业界有较高的信誉，品质和交货方面也有较好的保证；A 虽然是一家各个方面都不错的大企业，但其报出的价格过高，对采购企业控制采购成本不利。

所以，在经过这样的调查了解后，该企业采购人员的正确做法应是：首先把刻意压低价格抢占市场的供应商 D 排除掉，这样能保证企业能够采购到质量好的材料物资。然后与 A、B 和 C 供应商进行议价，经过采购人员的努力，可能会让这 3 家企业降低一些他们的报价，虽然降低的幅度可能不大，但总归是比原来的报价低。接着审核 A、B 和 C 供应商提供的样品，看是否符合企业的既定需求，如果能，则在这 3 家供应商中选择报价最低的一家作为合作伙伴。

以该案例为前提，采购人员在实际处理供应商的报价时可能会犯这样的错误：要求 A、B 和 C 供应商给出的报价一定要降到 D 供应商的报价水平才肯做出采购决定，他们认为这个市场上既然已经有供应商报出了这样的低价，则其他供应商也应该能够接受这样的价格。殊不知这样的低价是忽略了产品服务才制定出来的，也就是说，D 供应商给出的报价是不可信的，是不合理的。采购人员在处理供应商的报价时就需要通过确定供应商价格的合理性来避免上述错误。

要确定供应商的报价是否合理是一件比较困难的事情，特别是所购买的商品或材料物资被少数供应商垄断时，或采购人员对所购材料物资很陌生时。那么，企业采购人员要如何才能确定报价是否合理呢？主要从如图 5-4 所示的两方面进行判断。

将不同供应商之间的报价进行比较

采购人员可尽量多找一些供应商报价，这样可帮助采购人员了解所购物料的大致市场价格，最终选定的供应商可能只有一两家，而其他供应商的报价可作为采购人员做出正确选择的参考。

与确定的底价进行比较

底价是采购企业打算在购买材料物资时支付的最高采购价格，它的制定目的是使采购人员对价格的确定与取舍有据可依，所以，确定供应商的报价是否合理时可与底价对比。但这一方法的运用前提是，底价的确定也是合理的。

图 5-4

总的来说，熟练处理供应商的报价，就是要做到以下几点：及时收到供应商的报价（询价单的回传），对不合理的报价果断排除（确定报价的合理性），对报价不满意时及时与供应商沟通协商（议价），双方确定好采购价格后及时做出选择（确定供应商）。

5.2.4 两份相同报价如何取舍

在实际的采购工作中，企业采购人员很可能遇到各供应商报价相

同的情况，此时采购人员就会犯选择困难症，究竟该选择哪一家供应商？是否需要向多家供应商进货？这就关系到采购人员对两份甚至多份相同报价的供应商的取舍。

某机关询价采购一批电脑，项目预算支出为 10 万元，而参与询价会议的几家供应商的报价均为 9.65 万元，但提供的是不同品牌、不同型号的电脑，而提供的售后服务等附加条件也稍有差异。在这些供应商都完全响应机关的询价文件的要求时，机关如何选择成交供应商呢？负责人对此意见不一致。有的负责人提出要选择售后服务好的供应商为成交供应商，而采购人员代表则提出选择知名品牌的供应商。

于是，几位采购负责人开始协商如何取舍报价相同的供应商。针对售后服务好的供应商和知名品牌供应商，负责人们有如下考量。

①如果选择售后服务好的供应商，则电脑出现问题后要进行维修会比较方便，但很可能因为电脑本身的质量不高而频繁出现问题，这也会影响企业工作人员日后对电脑的使用。

②若选择知名品牌的供应商，则电脑质量可能会较高，不容易出现问题，但售后服务不好的话，一旦电脑出现问题，维修就会很麻烦。

③企业的员工平时使用电脑的频率较高，且由于工作性质大多需要用到电脑，所以对电脑的使用寿命有一定的要求。常用就意味着可能经常需要维修服务，所以该情况下选择售后服务好的供应商更妥当。

④企业员工工作时，对电脑的需求并不是必须的，则说明不经常使用电脑，那么电脑出现问题的概率也会较小，该情况下就可选择知名品牌，保证电脑质量在长时间内都不会出现问题。

综合上述分析和考量，该机关决定，给依赖电脑工作的部门选择向售后服务好的供应商进购电脑，而给只用电脑协助办公的部门选择向知名品牌的供应商进购电脑。这样，既达到了企业采购的需求，也拉拢了不同的供应商，拓展了合作关系。

在实际操作过程中，很多企业限制了合作供应商的数量，也就是说，在确定成交供应商时一定要舍弃掉一些供应商而做出最终的唯一选择。通常，如果两家报价相同的供应商中有一家是长期合作的伙伴，且以往的合作都很顺利愉悦，则最好选择以往合作的供应商而舍弃掉未合作过的新供应商。但如果企业认为以往合作的供应商已经开始"不老实"，即合作过程中态度不诚实，则可选择新供应商，开拓新的供应关系，防止被旧供应商牵着鼻子走，给企业带来不必要的经济损失。

企业在询价采购项目中，如果所有供应商的报价一致，且采购人员也排除了供应商串标和围标的可能性，则在做出取舍时常常会出现如下 3 种错误的处理手段。

一是让供应商二次报价。 这种做法会混淆询价与竞争性谈判这两种采购方式，根据《政府采购法》第四十条的相关规定可知，被询价的供应商应一次性报出材料物资的价格，且一经报出后不得更改价格。采购实践中，部分采购企业会随意地要求供应商再次报价，而有些不太懂采购规则的供应商也愿意配合进行二次报价，导致询价程序违法。所以，当企业遇到相同报价而让供应商进行二次报价的做法是不对的。

二是推荐选择附加条件更优秀的供应商。 比如，供应商 A 和供应商 B 的报价相同，但 A 的附加条件更多，给采购企业的感觉是可以捡很多"便宜"，所以选择 A。这种做法有一定的现实合理性，但却违背了询价采购的定选方式，同样属于程序违法。但这种情况与上述案例中的情况不同，案例中的企业附加条件在同一水平上，只是一个侧重售后服务，一个侧重品牌。也就是说，当报价相同且附加条件在同一水平上时，企业可根据需要选择自认为附加条件更优秀的供应商；

当报价相同而附加条件不在一个水平上时，这种询价采购就已经违反了采购程序的相关规定，做出的采购决定也会被认定为无效。

三是盲目采纳专家的意见。很多专家凭借自己的经验，主观地向企业采购人员推荐其认为好的供应商，如果采购人员盲目采纳专家的意见，就会被专家的主观倾向影响，导致未执行询价的定选方式，属于严重的程序违规。这样做容易引起纠纷，落选供应商往往会通过质疑、投诉和举报等方式进行权利救济，使"小项目"出现"大难题"，影响采购项目的正常实施。

不能忽视的单一来源采购

单一来源采购是指只能从唯一供应商处采购材料物资，或者是属于专利、首次制造、合同追加或必须保证原有采购项目一致性以及原有采购项目发生了不可预见的紧急情况而不能从其他供应商处采购等情况而进行的采购方式。

5.3.1 单一来源的采购适用条件和基本流程

由于单一来源采购方式的特殊性，所以其适用条件和范围有限，操作的基本流程也会与其他采购方式有所区别。下面分别学习这一采购方式适用的条件和其实际采购的基本流程。

（1）适用条件

由于单一来源采购只与唯一的供应商、承包商或服务提供者签订合同，所以就其竞争形势而言，采购方处于不利地位，有可能需付出较高的采购成本。而且在议价谈判过程中容易滋生索贿受贿现象。所以，对这种采购方法的使用，国际规则规定了严格的适用条件。

一般来说，单一来源采购方式的采用都出于紧急采购的时效性或只能从唯一的供应商或承包商处取得货物、工程或服务的客观性。下面就来了解国际规则中规定采用单一来源采购的情况有哪些。

◆ 采购标的物的专业性

基于技术、工艺或专利权保护等原因，企业需要的材料物资、产品、工程或服务等只能由特定的供应商、承包商或服务提供者提供，且不存在任何其他合理的选择或替代时，采用单一来源采购方式进行采购。

◆ 采购标的物的单一性

很多企业在某一时间段只需要进购某一种原材料、产品或服务，则为了节约采购时间，缩短采购周期，采购人员会选用单一来源采购方式，直接确定合作供应商完成采购工作。

◆ 紧急采购时效的需要

不可预见的情况导致出现异常紧急情况，使公开采购这一活动的程序不能满足限制时间的要求，且出现紧急事件的情况不归因于签约双方。则采购企业可直接通过单一来源采购方式进行采购。

（2）基本流程

虽然单一来源采购的购货渠道单一，且缺乏竞争性，但也要考虑采购产品的质量，也要按照物有所值的原则与供应商进行协商，合理确定采购价格。由此可见，单一来源采购方式也需要遵循相应的程序和流程，具体如图 5-5 所示。

采购预算与申请

采购人员编制采购预算，填写采购申请表，同时说明采用单一来源采购方式的理由，经上级主管部门审核后提交财务部门。其中，属于因货物或服务使用不可替代的专利、专有技术或具有特殊要求的公共服务项目，导致企业只能从唯一供应商处采购能达到公开招标数额的货物或服务项目时，应由专业技术人员论证并公示，公示情况一并报财务部知晓。

采购审批

财务部根据采购项目及相关规定确定单一来源采购这一采购方式，并确定采购途径，委托采购或自行采购。

协商并编写过程记录

采购小组与供应商协商，确保质量的稳定性、价格的合理性及售后服务的可靠性。通过协商，采购人员要获得合理的成交价格并保证采购材料物资的质量，同时，将协商情况进行记录。对协商记录有异议的，应及时提出并解决，将不同的意见签署在记录文件中，附带不同意见的理由。

签发成交通知书

供应商将协商确定的采购成交价格通知采购人员，经采购人员确认后签发采购成交通知书。

图 5-5

5.3.2 少不了的采购标书

虽然单一来源采购方式一开始就确定好了只从一个供应商处采购材料物资，但必要的程序也要有，比如采购标书的制作。采购标书相当于邀请函，向外界供应商发出供货邀请，但最终企业会选择哪一家供应商，就要通过企业自己的调查研究，判断供应商的条件是否符合企业采购的需求。下面通过一个具体实例认识什么是采购标书。

第一篇 单一来源采购邀请书

××医科大学对××软件进行单一来源采购。特邀请拟采购货物的单一供应商参加竞标。

一、单一来源采购时间、地点

1、发售单一来源采购文件时间：2017 年 9 月 14 日北京时间 09:00 至 2017 年 9 月 21 日北京时间 17:00。

2、单一来源采购文件售价：人民币 × 元 / 份。

……

6、投递相应文件截止时间：2017 年 9 月 30 日北京时间 15:30。

二、采购代理机构基本资料

1、提交单一来源采购保证金户名：×× 医科大学

2、开户行：×× 银行 × 市 × 区支行

3、账号：× × × × ×　　　　　地址：× 市 × 区 × 路 × 号

邮编：× × ×　　　　　　　电话：× × × × ×

传真：× × ×（设备处收）　联系人：× ×，× ×，× ×

第二篇　单一来源采购须知

一、单一来源采购费用。本招标项目一切与投标有关的费用，均由投标人自理。

二、单一来源采购资质。单一来源采购供应商是满足以下条件，且是下列货物的唯一供应商，以下简称单一来源采购供应商。

1、合格的单一来源采购供应商应符合下列条件：

（1）具有独立承担民事责任的能力；

……

（6）法律、法规规定的其他条件。

2、本次采购的单一来源采购供应商应是以下货物的唯一供应商。

序号	货物名称	单位	数量
1	××统计软件	教师包（10用户）	1
2	××统计软件	教学包（200用户）	1

三、单一来源采购文件

单一来源采购文件由单一来源采购邀请书、单一来源采购须知、单一来源采购内容、协议主要条款及合同格式和相应文件格式要求这5个部分组成。我校所作的一切有效的书面通知、修改及补充，都是单一来源采购文件不可分割的部分。

四、单一来源采购要求

1、单一来源采购供应商提交的响应文件由以下部分和单一来源采购供应商所作的一切有效补充、修改和承诺等文件组成。它包括：供应商公司概况、报价明细表（附录1）、竞争函（附录2）、产品技术参数及技术方案的详细描述、商务条款承诺、其他优惠承诺、法定代表人身份证明（附录3）、法定代表人授权委托书（附录4）、供应商的企业法人营业执照复印件以及相关的资质证明（包括制造或代理证明、业绩证明、银行信誉和工商信誉证明），如图5-6所示。

以上条款基本格式见本文件第五篇"响应文件格式要求"，单一来源采购供应商也可在格式基础上作适当扩展或改动。

……

第五篇：响应文件格式要求

1、供应商公司概况

……

以上内容没有规定格式的，请各竞标人自行设计格式编写。

由案例可知，企业采用单一来源采购方式进行采购时，标书的主要内容包括采购邀请书、采购须知（费用、资质和要求等）、采购内容、采购合同的主要条款和格式以及供应商相应文件格式的要求等。公司根据自身实际情况，可对这些主要内容进行增加或删减。

如图 5-6、5-7、5-8、5-9 和 5-10 所示的是企业制定采购标书时，可能涉及并需要制作的明细报价表、竞争函、技术 / 商务偏离表、法定代表人身份证明书及法定代表人授权委托书等。

明细报价表

项目名称： _____ 编号： _____

表 1：设备价格

序号	设备名称	技术参数及规格、型号	数量	单价	合计	备注
合计						

投标单位全称（盖章）：

授权代表（签字）：

图 5-6

竞 争 函

▓▓▓▓大学：

我方收到_____（单一来源采购项目名称）的单一来源采购文件，经详细研究，决定参加该单一来源采购项目的采购谈判。

1、愿意按照单一来源采购文件中的一切要求，提供招标文件所要求的制造（购买）及技术服务，竞争总价为人民币大写：_____，人民币小写 RMB：_____。

2、我方现提交的响应文件为：响应文件正本壹份，副本叁份。

3、如果我方响应文件被接受，我方将履行竞争文件中规定的各项要求，按合同约定条款承担我方的责任。

4、我方同意按单一来源采购文件规定，交纳人民币 5000 元的单一来源采购保证金。

供应商（公章）： 地址： 联系人：

电话： 传真： 邮编：

网址： 年 月 日

图 5-7

技术/商务偏离表

对于单一来源采购文件的技术和商务要求，如有任何偏离请如实填写下表：

序号	偏离名称	谈判项目需求	竞标应答	偏离说明

图 5-8

法定代表人身份证明书（格式）

_____（法定代表人姓名）在_____（竞争人名称）任_____（职务名称）职务，是_____（竞争人名称）的法定代表人。

特此证明。

供应商全称（公章）

年　　月　　日

附：上述法定代表人住址：　　　　网　　址：

　　　身份证号码：　　　　　　　邮政编码：

　　　电　　传：

图 5-9

法定代表人授权委托书（格式）

项目名称：_____

日　　期：_____

致：_____（单一来源采购代理机构名称）_____（供应商名称）是中华人民共和国合法企业，法定地址_____。_____（供应商法定代表人姓名）特授权_____（被授权人姓名及身份证代码）代表我单位全权办理对上述项目的单一来源采购、签约等具体工作，并签署全部有关的文件、协议及合同。我单位对被授权人的签名负全部责任。在撤销授权的书面通知以前，本授权书一直有效。被授权人签署的所有文件（在授权书有效期内签署的）不因授权的撤销而失效。

被授权人签名：　　　　　　法定代表人签名：

　　职　务：　　　　　　　　职　务：

图 5-10

单一采购来源方式下的采购活动参与人数有一定的限制，即供应商可派 1 ~ 2 名代表参与单一来源采购项目，且至少 1 人应为法人代表或具有法人授权委托书的代理人。另外，企业在采购标书中要说明会被视为无效单一来源采购的各种情况，保证参与供应商的合规性。

5.3.3 单一来源采购需要发布公示

一般来说，政府采购时会经常采用单一来源采购方式，且政府采购在一定程度上会受到外界人士的监督。因此，采用单一来源采购方式进行采购时需要对外公示本次采购活动的具体细节，比如采购物资的用途、采购规模、对合格供应商的要求、公告有效期限、供应商响应采购文件时需要提供的资料以及采购人的具体信息等。下面通过一个具体案例来了解单一来源采购项目的公示文件的大体内容。

单一来源采购项目公示

×× 区政府透明度第三方评估服务采购项目，拟进行单一来源采购，根据《中华人民共和国政府采购法》及其他相关要求，现公告如下。

一、项目概况

1、项目名称：×× 区政府透明度第三方评估服务

2、招标编号：×××××

3、项目地点：×× 区

4、项目预算：伍万捌仟元整　　经费来源：财政

5、项目规模：对 ×× 区区直部门、镇（乡、社区服务中心）、管委会等近 100 家部门开展政府透明度第三方独立评估服务，评估内容包括但不限于国家、省、市、区有关政务公开、政府信息公开、政府网站普查和政府网站评估等相关工作要求。

二、合格供应商要求

1、具备《中华人民共和国政府采购法》规定的条件。

2、投标人具有有效的营业执照。

3、具有连续两年为省级、地市级和县级政府实施透明度评估服务的工作业绩。

三、单一来源采购方式的原因

······

四、公告时间

2017 年 9 月 1 日至 2017 年 9 月 4 日。

五、反馈须知

潜在政府采购供应商对本项目采用单一来源方式采购有异议的，请于公告时间内，每日 9:00 ～ 11:00 和 14:30 ～ 17:00（北京时间），以实名书面形式向采购人反馈，反馈时须提供以下材料。

1、反馈意见、企业营业执照、资质证书、法人身份证复印件、法人授权委托书以及被授权委托人身份证。

······

本公告在 ×× 网站上进行发布。

采购人名称：×× 区电子政务办公室

地址：×× 区行政办公大楼 ×× 室

联系人：×××　　　　　　　　联系电话：××－××××

企业采用单一来源采购方式进行采购的过程中，会涉及询价和议价环节，供应商最初报出的价格可能会因为双方协商工作的进行而有所变动。采购人员要注意这里的"询价、议价"与询价采购方式的区别。

采购方式——招标和竞争性谈判

对于企业来说，除了询价采购和单一来源采购方式外，有些公司还会使用招标采购和竞争性谈判采购的方式进行采购。这两种采购方式运用得更多，且技巧性更强，需要采购人员更加重视并切实掌握其中的实施程序和促成采购的办法，同时也需要采购人员能够正确区分这两种采购方式。

采购用招标，公开又公正

招标采购是指采购方（需要采购物资的企业）作为招标方，事先提出采购的条件和要求，邀请众多企业参加投标，然后由采购方按照规定的程序和标准一次性地从中择优选择成交供应商，并提出最有利的条件，进而与投标方签订协议的一种采购方式。整个过程要求公开公正和择优。

6.1.1 认识招标采购的不同类型

采购人员要想顺利实施招标采购，首先要明确招标采购的各种类型，然后才能根据企业的具体情况选择一种适合企业的采购物资的方式。而根据不同的分类依据，招标采购可以分为不同的种类，具体介绍如下。

（1）按书面文件形式不同分为公开招标和邀请招标

公开招标是指招标人（采购企业）以招标公告的方式邀请不特定的法人或其他组织投标，属于无限制性竞争招标。邀请招标是指招标人以投标邀请书的方式邀请特定的法人或其他组织投标，属于有限竞争性招标。

◆ 公开招标

它的特点是：体现了市场机制公开信息、规范程序、公平竞争、客观评价、公正选择以及优胜劣汰的本质要求。这种招标方式的投标人会比较多，整个招标活动可促进供应商之间的竞争，且不容易串标或围标，有利于招标人从广泛的竞争者中选择合适的中标人，并获得最佳的竞争效益。

依法必须进行招标的项目要采用公开招标，且按法律规定在国家发改委和其他有关部门指定媒介发布资格预审公告或招标公告，符合招标项目规定资格条件的潜在投标人将不受所在地区和行业的限制，均可申请参加投标。而由于地域范围的不同又可将公开招标分为国内公开招标和国际公开招标。

企业在进行材料物资采购活动时，可选择使用公开招标方式，但有一些情形下必须采用公开招标方式进行采购，具体有如下 3 种。

①国家重点项目和省、自治区、直辖市人民政府确定的地方重点项目。

②国有资金占控股或主导地位的依法必须进行招标的项目（《招标投标法实施条例》第八条）。

③其他法律法规必须进行公开招标的项目。例如，《政府采购法》第二十六条规定，公开招标应作为政府采购的主要采购方式；《土地复垦条例》第二十六条规定，政府投资进行复垦的，有关国土资源主管部门应当依照投标招标法律法规的规定，通过公开招标的方式确定土地复垦项目的施工单位。

依法必须公开招标的项目，因存在需求条件和市场供应的限制而无法实施公开招标，且符合法律规定条件情形的，经招标项目有关监督管理部门审批、核准或认定后，可采用邀请招标方式。

◆ 邀请招标

它的特点是：能够按照项目需求特点和市场供应状态，有针对性地从已知的潜在投标人中，选择具有与招标项目需求匹配的资格能力、价值目标以及对项目重视程度均相近的投标人参与投标竞争，有利于

投标人之间均衡各方的竞争力量。评标标准和方法比较科学，招标工作量和招标费用相对较小，既可省去招标公告和资格预审程序（招投标资格审查）及时间，又可获得基本或较好的竞争效果。

但是，邀请招标与公开招标相比，投标供应商的数量相对较少，竞争开放度较弱，存在招标人在选择邀请对象前已知投标人信息的局限性，有可能会损失应有的竞争效果，得不到最合适的投标人，也很难获得最佳竞争效益。在企业采用邀请招标进行采购时，应向 3 个以上具备招标项目资格能力要求的特定潜在投标人发出投标邀请书。符合下列情形之一的，经批准后可进行邀请招标。

①涉及国家安全、国家秘密或抢险救灾，适宜招标但不宜公开招标的项目。

②项目技术复杂或有特殊要求，或者受自然地域环境限制，只有少量潜在投标人可供选择的情形。

③采用公开招标方式的费用占项目合同金额的比例过大的项目。

需要采购人员注意的是，国家重点建设项目的邀请招标，应当经国家国务院发展计划部门批准；地方重点建设项目的邀请招标，应当经各省、自治区或直辖市人民政府批准；全部使用国有资金投资或国有资金投资占控股或主导地位的，并需要审批的工程建设项目的邀请招标，应当经项目审批部门批准，但项目审批部门只审批立项的，由有关行政监督部门审批。

非依法必须公开招标的项目，由招标人自主决定采用公开招标还是邀请招标。也就是说，一般企业的采购项目如果不属于法律规定必须公开招标进行采购的范围，则企业采购可采用公开招标，也可采用邀请招标。

（2）按招标范围不同分为公开招标、选择性招标和限制性招标

公开招标前面已经介绍过了，这里只对选择性招标和限制性招标进行介绍。

选择性招标采购指通过公开程序邀请供应商提供资格文件，只有通过资格审核的供应商才能参加后续招标；或是通过公开程序确定特定采购项目在一定期限内的候选供应商作为后续采购活动的邀请对象。

限制性招标是指不通过预先刊登公告程序，直接邀请一家或两家以上的供应商参加投标。采用这一招标方式时必须具备相应的条件，而这些条件包括如下一些。

①公开招标或选择性招标后没有供应商参加投标，或者无合格标。

②供应商只有一家，无其他替代选择。

③出现了无法预见的紧急情况。

④向原供应商采购替换零配件的。

⑤因扩充原有采购项目需要考虑到配套要求的。

⑥属于研究用的试验品、试验性服务。

⑦追加工程必须由原供应商办理，且金额未超过原合同金额的50% 的情况。

⑧与原工程类似的后续工程，在第一次招标文件已做规定的采购。

6.1.2 招标采购要严格控制流程

在实际采购过程中，企业采用的招标采购大多数都具有竞争性，而一个完整的竞争性招标采购过程由供应商调查和选择、招标、投标、

开标、评标、决标及合同授予等阶段组成。各阶段的工作如图6-1所示。

供应商调查和选择

采购企业对潜在供应商的基本资信情况进行调查,选择资信度高且资格能力、价值目标和对项目重视程度与企业要求相符的供应商参与采购招标会议。

↓

招标

采购企业发出招标公告或投标邀请书,说明招标的工程、材料物资、货物及服务的范围,标段(标包)划分、数量以及投标人的资格要求等,邀请特定或不特定的投标人在规定的时间和地点按照一定的程序进行投标。

↓

投标

投标是供应商对采购企业的招标文件作出的响应,即投标人接受特定或不特定的采购邀请,按照招标文件规定的要求,在规定时间和地点主动向招标人递交投标文件,并以中标为目的而做出的行为。

↓

开标

在招标投标活动中,由招标人主持、邀请所有投标人和行政监管部门或公证机构人员参加,在预先约定的时间和地点当众开启各供应商的投标文件。

↓

评标

采购企业的采购人员或其他专家按照规定的评标标准和方法,对各投标人的投标文件进行评价比较和分析,从中选出最佳投标人。

↓

决标

参与评标的人员按照评标文件的要求和评标标准,评定出最佳中标供应商或确定中标供应商,承诺与其达成供求合作关系。

↓

合同授予

企业将拟好的采购合同交给合作供应商,双方签字后即可进行发货付款。

图6-1

而对于政府采购来说，其招标采购的程序一般为：采购人编制计划，报财政厅政府采购办审核→采购办与招标代理机构办理委托手续，确定招标方式→进行市场调查，与采购人确认采购项目后编制招标文件→发布招标公告或发出招标邀请函→出售招标文件，对潜在投标人资格预审→接受投标人标书→在公告或邀请函中规定时间和地点公开开标→由评标委员会对投标文件进行评标→依据评标原则及程序确定中标人→向中标人发送中标通知书→组织中标人与政府采购单位签订合同→进行合同履行的监督管理，解决中标人与采购单位的纠纷。

上述第3个步骤中编制的招标文件应包括如下内容。

◆ 招标须知和投标须知。

◆ 合同条款和履约保证金说明文件。

◆ 技术规格和投标书的编制要求。

◆ 供货一览表、报价表和工程量清单。

◆ 供应商应当提供的有关资格和资信证明文件。

针对政府的招标采购活动，其招标通告至少要包括如图6-2所示的一些内容。

政府招标采购的招标通告应包括的内容

1. 采购单位的名称和地址。

2. 采购货物、工程或服务的性质、数量和交货地点。

3. 要求供应货物的时间或工程竣工的时间或提供服务的时间表。

4. 将用来评审供应商资格的标准和程序。

5. 获取招标文件的办法和地点。

6. 采购实体对招标文件收取的费用及支付方式。

7. 提交招标书的地点和日期。

8. 开标日期、时间和地点等。

图 6-2

6.1.3 做好招标文件为采购开好头

对企业采购人员来说，招标采购工作的首要任务就是编制招标文件，文件规范且合法才能指导采购人员一步步完成后续采购工作。因此，采购人员要学会按照相关规定编制标准的招标文件。

一份完整的招标文件需要包括这些主要内容：文件封面、目录、正文以及各种附件。正文中又要包括招标公告、投标人须知、采购合同、合同协议书（有的采购活动还涉及廉政合同和安全管理协议书）、投标文件格式的说明以及评标标准与办法。那么，采购人员怎样做可以提高招标文件的规范性和质量呢？

①封面要写清楚采购项目的全称，注明"招标文件"关键字和招标编号，另外还要写明招标人和招标文件发布时间。有的招标项目会涉及招标代理机构，这一项内容也要在封面中写明。

②正文包含的内容与本书第5章5.3.2中举例展示的标书基本相同，其中包括一些不能忽视的内容项，比如招标文件有一定的售价，并不是无偿提供给各个参与投标的供应商，在正文中要注明这一点；对于供应商做出的投标意向类文件的投递截止时间也要做明确的说明等。

③各种附件要齐全，方便参加投标的供应商使用。而一般的附件就是一些表格或证明文件，如投标函、法定代表人资格证明书、法定代表人授权书、投标保证书、投标报价汇总表、施工报价汇总表、报价明细表、投标人资格证明文件、投标人基本情况表、拟定项目实施组织机构图、拟投入项目的人员构成表、拟投入项目的技术和管理人员情况表、拟在项目任职的主要人员简历表以及工程实施方案等。其中，投标人资格证明文件一般包括营业执照、资质证书和安全生产许可证等复印件（须加盖公章），近3年类似项目业绩表，近3年财务状况表，

银行资信证明以及近 3 年发生的诉讼及仲裁情况表等。

招标文件质量的高低，既是招标人编制招标文件工作能力的体现，也是招投标工作能够顺利实施的前提。高质量的招标文件可减少投标人提出问讯、质疑和投诉的频次与数量，提高招标环节的效率。实际操作过程中，招标文件的质量良莠不齐，主要表现在对投标人资格条件设定不准、技术要求和技术标准模糊及合同主要条款不明确等方面。

案例一：

某招标企业采用公开招标方式采购多种环境检测设备，每种设备都需要采购很多套，所有设备采购完成后都需要直接投入使用，即不需要安装。在这样的采购需求下，招标企业在招标公告和招标文件中对投标人资格除规定了一般性的资格条件外，还专门要求投标人必须具备环境污染防治工程等级确认证书。

公告发布后，参与投标的都是设备代理商，没有生产制造厂商，投标人没有对资格中的专门要求提出质疑，且参与投标的设备代理商都有环境污染防治工程等级确认书。评标时，有一名采购人员对该项专门要求提出异议，其他采购人员没有异议，因此没有影响评标结果。

该案例中的招标企业在招标文件中的资格条件指定了一项专门要求，可能阻止了部分潜在投标人的投标欲望，可能增加采购成本，甚至可能会延长采购时间。若招标文件中没有专门的等级确认证书的要求，则不会出现只有代理商而没有生产制造厂商的情况，也就不会出现前述问题。

如果有些设备生产制造厂商想参加投标，则会出现两种处理方式，一是委托符合资格条件的代理商参与投标；二是向招标人提出质疑，要求修改招标文件，取消不合理的资格条件。这样一来，招标人可能

失去一次采购到质优价廉设备的机会，或者可能会因修改招标文件而导致采购时间变长，变相地增加采购成本。所以，该招标企业在编制招标文件时的这一专门要求并不合理。

案例二：

某采购企业预计需要建设一项大工程，且决定采用招标方式进行物资材料的采购。而采购人员在招标文件中明确告知本次招标不设最高限价，但说明了有标底，且在开标时才公布。另外，招标文件的评审办法中明确告知，投标人的投标报价不能高于标底，同时也不能低于标底的 85%，否则投标文件按无效文件处理，并否决其投标。

招标公告发布后，没有投标人对招标文件提出疑问。评标时，有采购人员在熟悉评标文件后对此提出了疑问，但大多数采购人员并未附议，所以评审工作按招标文件照常进行。

如果投标人在审阅招标文件时对其中的标底要求提出质疑，要求招标人修改招标文件。要么只有标底，在开标时公布，取消不能低于标底 85% 的条款；要么只有最高限价，在招标文件中明确最高投标限价或最高投标限价的计算方法。这样一来，招标人就必须对投标人提出的质疑做出解答，不论是否修改，投标时间会被耽搁是显然会发生的事情，相应地会给招标人和投标人带来一定损失。

可就此看出，该案例中涉及的招标文件对投标人的标底要求前后矛盾，并且误以为标底就是最高限价，导致招标文件对投标人的参会要求指代不明。根据《招标投标法实施条例》的相关规定可知，招标人设有最高投标限价的，应在招标文件中明确最高投标限价或最高投标限价的计算方法，招标人不得再规定最低投标限价。另外，该条例还规定，招标项目设有标底的，招标人应在开标时公布，且标底只能作为评标的参考，不得用投标报价是否接近标底作为中标条件，也不得以投标报价超过标底上下浮动范围作为否决投标的条件。所以，招标文件中关于供应商报价的规定，要么只设置标底，要么只设置最高限价，两者不能同时设置以限制投标人参与投标的资格。

为了能够减少招标文件中的错误，提高招标文件的准确性，招标企业可以参考如下一些措施来规避容易犯的错误。

◆ **专业性强的招标项目聘请专家**：对于投资额较大，或投资额虽小但技术较复杂且专业性强的招标项目，企业可聘请相关专业的技术或法律专家与采购人员共同对招标文件进行会审，可避免招标人对招投标工作程序、法律法规不熟悉造成的招标文件不规范的状况。

◆ **负责采购招标的人最好是专业的招标师**：国家发改委 2014 年 6 月 20 日发布的《招标师注册执业管理办法》规定招标师应在招标采购活动中形成的相关成果文件上加盖本人执业印章和签名，并承担相应法律责任。而这里的相关成果文件就包括招标文件，有专门的招标师把关并签字，可提高招标文件的质量。

◆ **适当建立责任追究和经济赔偿制度**：招标文件质量太低，不仅可能导致招标工作延误，还可能使投标被否决或造成重新招标，使相关利益方遭受经济损失。所以，为了减少损失，企业可考虑建立对相关责任单位或责任人追究责任的制度，并对其进行适当的经济处罚。这样可督促采购人员做好招标文件编制工作。

6.1.4 如何防止围标、串标和资质挂靠等问题

在采购企业组织实施采购招标会议时，一些恶意供应商可能会通过一些不良手段来破坏招标会议的进程或影响招标确定结果。主要的不良手段有围标、串标和资质挂靠等。如何防止这些问题影响招标活

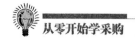

动的正常进行是采购人员需要掌握的工作技巧。

◆ 规避围标、串标的方法

围标也称为串通投标，是指几个投标人之间相互约定，一致抬高或压低投标报价进行投标，通过限制竞争，排挤其他投标人，使某个利益相关者中标，从而谋取利益的手段和行为。围标行为的发起者称为围标人，参与围标行为的称为陪标人。围标的另一个称呼就是我们熟知的"串标"。针对这样的投标舞弊行为，采购企业可参照如表6-1所示的一些方法达到规避的目的。

表 6-1　规避围标、串标的一些方法

方法	具体操作
设定最高限价	由招标人会同招管办、财政及监察部门共同商定最高限价，控制幅度按财政评审价合理下浮。对投标单位较少、竞争力度明显不足的招标项目，幅度控制在不少于同类项目同期平均中标下浮率的范围内，超出最高限价的一律作废标处理。财政部门的评审报告及电子数据抄送审计部门
提倡简洁方便的投标方式	加快网上招投标进程，投标报名、招标文件和答疑纪要等，原则上先上传到企业官网中，由潜在投标人通过网络下载。推行资格后审，最大限度地使投标信息得到控制，加大围标、串标等行为的难度
取消集中答疑环节	招标人在制作招标文件时要尽量详尽描述采购项目，潜在投标人根据需要自行安排参与投标会议的时间。潜在投标人若有疑问，招标人可在网上公布答疑文件，由潜在投标人直接从网上获取答复
落实评标人员或评委的责任	评标人员会对评标过程中发现的标书差错、内容雷同及报价竞争不充分等疑似围标、串标行为进行认真审查，发现围标、串标行为的要及时告知相关部门查处

◆ 杜绝资质挂靠现象的方法

资质挂靠就是指借用别的公司的资质参与采购活动的投标，中标后，又以具有资质的公司为基准，相当于已有资质的公司中标，然后将供货项目、工程建设或服务承包给实际参加投标的企业。

对于采购公司来说，如何解决投标人挂靠别人参与投标的资质问题呢？可从如下所述的 4 个方面入手。

①要求投标单位的法定代表人（或授权委托人）和项目负责人必须出席开标现场，投标保证金必须以企业名义从企业基本账户汇出。需要审核投标人相关证件的情况，可严格执行押证制度，当出现"挂靠资质"行为时以不退还所押证件作为惩罚。涉及履约保证金的，在招标文件和采购合同中明确履约保证金的额度和收退时间。

②政府投资 1000 万元以上的项目，招标企业必须会同相关部门，对中标候选人进行实地考察后，选择必须对"无在建项目"和投标等资料的真实性、无出借资质、无围标串标行为以及项目负责人驻场等方面进行了承诺的候选人。考察结果以书面形式报招管办备案。另外，招标人可要求中标候选人提供投标截止日期前 10 天的基本账户账面余额情况表，以考察其资金实力。

③推行政府投资重点工程项目施工现场管理人员和检查人员指纹机考勤制度。凡投资额在 1000 万元以上或工期在 6 个月以上的工程项目必须实行指纹机考勤，投标文件确定的项目管理、监察成员必须到招投标交易中心指定的地方进行身份确认和指纹录入。

④认真落实招标会议现场管理工作，招标人可建立项目管理组，发现挂靠资质行为及时进行制止，并向企业采购负责人报告。对于招标人知情不报或监管不力而导致资质纠纷的，由监察机关追究直接责任人和分管领导的责任。

除了上述一些规避投标人不良投标行为的方法外，对于企业以前发现的一些投标不合规的投标人，可建立失信企业"黑名单"，在以后的招标活动中即可第一时间排除掉"黑名单"企业。

学会判断投标人的不合法投标手段

没有充足采购经验的企业，在组织招标活动时很可能遭遇投标人采用不合法手段进行投标的情况，并且很容易被蒙在鼓里而不自知，这就会给企业带来一定的经济损失。为了规避这样的事情发生，采购企业和采购人员必须学会判断投标人的一些不合法投标手段。

6.2.1 围标、串标的两大方式

一些投标企业看到某项目的采购活动有利可图时，就会串通另外的供应商、代理商或服务提供商一起对招标企业组织的招标活动采取围标、串标手段达到中标目的，从中获取利益。采购企业要想更好更快地识别投标企业的围标、串标行为，首先要了解围标、串标有哪些方面的表现形式。

（1）招标人或招标代理机构与投标人之间串通

在这样的串通关系下，招标人和投标人之间会有不同的串通表现，具体有如下所述的一些。

①招标人预先约定投标人中标。

②在开标前，招标人与投标人就招标项目进行实质性谈判，或与投标人商定压低或抬高标价，中标后再给予投标人或招标人额外补偿。

③组织、授意或暗示其他投标人为特定投标人中标创造条件或提

供方便。

④在招标文件以外与投标人之间另行约定给予未中标的其他投标人费用补偿，相当于内定中标的供应商。

⑤编制的招标文件和资格审查文件专门为某个特定投标人"量身定制"，或设有明显倾向条款。

⑥在规定的投标截止时间前开启投标文件。

⑦在开标前泄露投标文件内容，或者协助、授意投标人补充，修改投标文件内容（包括修改电子投标文件相关数据）。

⑧发现不同投标人的法定代表人、委托代理人、项目负责人和项目总监等人员有在同一个单位缴纳社会保险情形而不制止，反而同意其继续参加投标。

⑨发现有由同一人或存在利益关系的几个人携带两个或两个以上投标人的企业资料参与资格审查、领取招标资料，或代表两个或两个以上投标人参加招标答疑会、缴纳或退还投标保证金等情形而不制止，反而同意其继续参加投标。

⑩招投标过程中发现投标人办理投标事项（报名、购买资格审查文件或招标文件、投标等）的相关人员不能提供其是投标企业正式在职人员的有效证明，不制止反而同意其通过资格审查或继续参加评标。

⑪在资格审查或开标时发现不同投标人的投标资料（包括电子资料）相互混装而不制止，反而同意其通过资格审查或继续参加评标。

⑫投标截止后，允许特定投标人撤换投标或更改投标文件的内容。

⑬以胁迫、劝退或补偿等方式，使特定投标人以外的其他投标人放弃投标或使中标人放弃中标。

⑭对评标人员进行倾向性引导或干扰正常评标秩序，明示或暗示评标人员倾向性评审，或授意资格审查人员或评标人员对申请人或投标人进行区别对待。

⑮直接或间接向投标人泄露标底、资格审查人员或评标人员名单以及资格审查情况等应当保密的事项。

（2）投标人之间互相串通

这种串通关系下，会严重损害招标企业的利益，因此更需要招标企业熟知相关的串通手法。

①投标人之间约定投标报价，投标报价分别以高、中、低（每两档之间的差距一般在 1% 左右）报价。

②投标人之间事先约定中标者，约定其他投标人故意不携带相关证件原件或投标文件中故意不装订相关证件复印件，以及约定给予未中标的投标人费用补偿。

③投标人之间为谋取中标或排斥特定投标人而联合采取行动。

④属于同一协会、商会或集团公司等组织成员的投标人，按照该组织要求在投标过程中采取协同行动。

⑤由同一人或分别由几个有利害关系的人携带两个或两个以上投标人的企业资料参与资格审查、领取招标资料，或代表两个及两个以上投标人参加招标答疑会、缴纳或退还投标保证金及参加开标会议。

⑥不同投标人投标文件雷同，或不同投标人的法定代表人、委托代理人、项目负责人及项目总监等人员在同一个单位缴纳社会保险。

⑦中标公示的第一中标候选人或收到中标通知书的中标人无正当

理由却放弃中标。

⑧参加投标活动的人员不能提供其属于投标企业正式在职人员的有效证明（如社保证明）。

6.2.2 从具体行为看出招投标的端倪

采购人员在实施招标过程中，要学会从己方和投标方的一些具体行为中发现围标、串标等违规操作，切实为企业采购物美价廉的材料物资提供保障。

（1）投标人在投标中有下列情形之一的，属弄虚作假行为

分两大情形，以他人名义投标和以其他方式弄虚作假。具体情形如表 6-2 所示。

表 6-2 投标人在投标时的各种弄虚作假行为

情形	行为
以他人名义投标	1. 通过转让或租借等方式从其他单位获取资格或资质证书而投标； 2. 由其他单位或其他单位负责人在自己编制的投标文件上加盖印章或签字； 3. 相关资料上填报的项目负责人或主要技术人员不是投标单位的人； 4. 投标保证金不是从投标人基本账户中转出的
以其他方式弄虚作假的	1. 利用伪造、变造、克隆或无效的营业执照、资质证书、建造师证或印鉴参加投标； 2. 伪造或虚报业绩； 3. 伪造项目负责人或主要技术人员的简历、劳动关系和社保证明，或者中标后不按承诺配备项目负责人或主要技术人员； 4. 伪造或虚报财务状况； 5. 提交虚假的信用状况信息； 6. 隐瞒招标文件要求提供信息，或提供虚假、引人误解的其他信息

（2）发现投标人有下列情形之一的，认定其有串标可能

在供应商、服务提供商和代理商等进行投标的过程中，招标人员发现其有下列情形之一的，可认定为有串标嫌疑或确定其围标、串标。

◆ 不同投标人的投标文件有两处或两处以上错、漏一致或雷同。

◆ 不同投标人的投标总报价相近且各分项报价和综合单价分析表内容混乱不能相互对应，乱调乱压或乱抬，而在询标时没有合理的解释或不能提供计算依据和报价依据的。

◆ 不同投标人的投标文件由同一单位或同一个人编制。

◆ 不同投标人的投标文件由同一电脑编制或同一台附属设备打印，或投标报价用同一个预算编制软件密码锁制作，或者投标报价出自同一个电子文档。

◆ 不同投标人的投标保证金由同一企业或同一账户资金缴纳。

◆ 不同投标人委托同一个人或注册在同一家企业的注册人员为其提供投标咨询、商务报价和技术咨询等服务。

◆ 评标人员依法认定的有其他明显串通投标行为情形的。

（3）评标人员有下列情形之一的，认定其与投标人有串标可能

在实际工作中，有些评标人员为了自身利益而不顾公司利益，与投标人串通获取报酬。作为公司的采购人员，要监督并防止这样的事情发生，所以需要了解评标人员可能存在串标行为的一些表现。

①私下接触投标人或与招标结果有利害关系的人。

②明知与投标人有利害关系还不主动提出回避。

③对存在违规投标行为的投标人给予认定或不作废标处理。

④对特定投标人投标文件中的重大偏差不予指出，依旧提出符合评审条件意见或直接判定其通过投标；或者对特定投标人以外的其他

投标人提出不公正的审批意见，如投标人的投标文件没有任何问题，但评标人一味地吹毛求疵，否定其投标文件。

⑤进行评标打分时，在没有合理理由的情况下有意给特定投标人高分而压低其他投标人的分值，或者不按招标文件的规定进行评分。

⑥发现投标人投标报价中存在明显不合理报价而不指出。

⑦发现投标人技术部分存在明显不合理性或内容缺、漏而不指出。

⑧明知投标人违反了法律、法规和招标文件的规定而不指出，反而对其投标文件继续进行评标。

⑨存在其他违反相关法律法规行为，使得评标明显缺乏公平、公正。

6.3
先准备，再谈判

竞争性谈判是企业采购的一种常用方式，指采购人或者采购代理机构直接邀请 3 家以上供应商就采购事宜进行谈判的方式。该采购方式的特点是：可以缩短采购准备期，使采购项目更快地发挥作用；减少工作量，省去大量的开标、投标工作，提高工作效率，减少采购成本；供求双方能够进行更为灵活的谈判；有利于对民族工业进行保护；能激励供应商自觉将高科技应用到采购产品中，同时又能降低采购风险。

6.3.1 学习谈判礼仪

企业采用竞争性谈判的采购方式完成采购工作，需要采购人员在

进行谈判之前必须学习相关的谈判礼仪，以向对方表示尊重。

正确的谈判礼仪可营造良好的氛围，拉近双方距离；可为谈判双方塑造良好形象，推动谈判成功；可加深双方理解，促进友谊。在谈判会议中使用较普遍的礼仪有如表6-3所示的一些。

表6-3　采购谈判会议中涉及的礼仪

方面	礼仪
着装	谈判过程中，服饰的颜色、样式和搭配合适与否等，对谈判人员的精神面貌有一定影响，且在一定程度上体现出一个谈判者的文化修养和审美情趣。以服饰色彩为例，灰色象征文雅、随和；黑色象征庄重大方；蓝色象征淡雅宁静。 在谈判中，西装是被普遍认可的服装，显得谈判者稳重、讲究。谈判专业人员要优雅、大方，宜穿中高档西装；协谈人员着装要洒脱、干练且灵活，可着便装或夹克衫；女性谈判者可穿西服套装。不同的谈判内容可选择不同的西装色彩，以适应整个谈判的氛围，同时，谈判人员的着装要与年龄、体型等相符
仪容	1. 谈判工作者应保持衣服整洁，咳嗽和打喷嚏时应用手帕捂住口鼻，面向一旁，避免发出较大的声响，必要时要与在场其他谈判者道"对不起"； 2. 女士要适度化妆，宜淡不宜浓，切忌当众化妆； 3. 男士不必化妆，只要面部清洁，给人干净有活力的感觉即可
仪态	1. 站姿要挺拔，不要佝偻着身体，双手相握放于小腹前； 2. 坐姿要端正，不要驼背，双手自然地放在会议桌上； 3. 行姿要得体，跨步不宜过大，也不宜过小，要处变不惊，减少奔跑的可能性； 4. 表情要适当，谈判过程中，表情不宜过于丰富，否则会给人不严谨、不专业的感受，但也不能全程无表情，给人木讷或不近人情的感觉
称呼	正确得当的称呼会缓和谈判双方的紧张气氛，为之后双方心平气和地谈判奠定情绪基础。在双方刚见面还未开始进入谈判环节时，很可能要进行相互介绍，此时要先把职位低的介绍给职位高的，把年龄小的介绍给年龄大的，把男士介绍给女士，把一般人物介绍给重要人物，按位置远近逐个介绍
交谈	正确运用距离语言。采购企业与供应商之间是合作关系，因此，谈判时的距离不宜过于亲密，也不宜太过疏离。通常来说，谈判双方分坐于会议桌的两边

续表

方面	礼仪
握手	1. 用力要适度，时间要短； 2. 握手时，目光要注视对方，切忌左顾右盼； 3. 男士与女士握手时，须先脱去手套； 4. 注意握手顺序，上下级之间，上级伸手后，下级才能伸手相握；男女之间，女士伸手后，男士才能伸手相握
递送名片	在被介绍认识对方后，可将自己的名片递给对方，递交时最好起身站立，用双手或右手，切勿以左手递交名片，也不要将名片背面面向对方或颠倒递交。一般而言，地位较低的或来访人员要先递出名片；如果来访的人很多，则先与其中地位较高的人交换名片；如果是采购方人数较多，则由采购方地位较高的人先向对方递出名片。接受名片时也要起身站立，面带微笑，目视对方并口头道谢
签字	谈判双方的助签人分别站在各自主签人的外侧，协助翻揭文本并指明签字处。签字时，主签人首先签署己方保持的合同文本，由助签人相互传递文本，再在对方保持的文本上签字

总的来说，谈判礼仪要遵守这些基本原则：尊重、平等、真诚、适度、入乡随俗、遵时守约及女士优先。另外，谈判者着装最好控制在 3 种颜色以内，衣袖上的商标要拆，没穿西装就不用系领带，白色袜子和尼龙丝袜最好不与西装搭配。而女士着装不可以露、不可以透、内衣不可外现，长袖衫的下摆需掖进裙子或裤腰。穿裙装时，袜口不能暴露在外，鞋袜不得有破损等。

6.3.2 采购谈判要做好准备工作

采购人员在进行谈判之前必须做好相应的准备工作，否则在谈判过程中很可能处于劣势，不利于企业占据主导地位，也就不利于控制采购成本。

对于与会的供应商，采购企业要事先收集有关资料，大概掌握每

一位供应商的经营情况，具体信息的收集可参考如下一些。

①供应商近段时间的相应材料物资的售价。

②供应商在同一时期向其他采购企业开出的采购价格水平。

③供应商以往有无违反竞争性谈判采购的行为。

④供应商有无拖延交货的情形发生。

⑤供应商的产品质量是否符合企业的标准要求。

⑥供应商近期的经营情况是否良好等。

接着，采购企业需要组织采购部门的员工安排并布置谈判会议室或会议厅，同时将谈判过程中需要用到的文件都打印并整理好。谈判文件中至少应明确谈判程序、内容、合同草案的条款及评定标准等事项，通常包括如下文件。

◆ 谈判邀请函。

◆ 谈判供应商须知（包括密封、签署和盖章要求等）。

◆ 报价要求、投标文件的编制要求及谈判保证金的交纳方式。

◆ 谈判供应商应提交的资格、资信证明等。

◆ 谈判项目的技术规格、要求和数量，包括附件和图纸等。

◆ 合同主要条款和签订方式。

◆ 交货和提供服务的时间文件。

◆ 评标方法、评标标准和废标条款等文件。

除此之外，采购企业还需考虑与会的供应商的餐食和饮水问题，通知企业后勤部安排好餐饮事宜和会议进行过程中的供水事宜，让参会的供应商感受到企业的周到服务，消除供应商的谈判抵触和敌对情绪，更利于双方达成采购合作。大多数竞争性谈判会议会持续大半天的时间，有的重要性采购项目的谈判会议可能持续一两天，这种情况下，采购企业就不能仅仅准备一顿午餐，如果遇到谈判会议持续一天或几天的，企业原来的餐饮准备不充分，很可能造成无法及时供餐的问题。同时，会议进行中，水的供给也不能忽视。

6.3.3 采购谈判要谈哪些内容

采购企业和供应商在进行谈判时，主要涉及的内容会因为谈判阶段的不同而有些差异，具体情况如图 6-3 所示。

第一阶段

谈判小组按已确定的谈判顺序，与单一供应商分别就符合采购需求、质量和服务等条件进行谈判，并了解其报价组成情况。谈判小组一致确定响应供应商符合谈判文件要求的，按谈判文件设定的方法和标准确定成交候选人。在第一阶段谈判中未能确定成交候选人的，修正谈判文件并进行第二阶段谈判。

文件修正阶段

第一阶段谈判结束后，谈判小组进行合议，确定采购内容的详细规格或具体要求，优化采购方案。

第二阶段

谈判小组就修正后的响应文件与供应商分别进行谈判，谈判的内容依旧是采购需求、质量和服务，但重点内容是对这 3 个部分的细节进行讨论和谈判。比如，临时增加采购量要怎么处理、质量没有达到预期要如何处理以及供货时双方会提供哪些附加服务来促进采购交易的完成等。

最后报价阶段

谈判的内容主要是采购价格，成交候选人作最后的报价，密封递交给谈判小组，谈判小组按报价从低到高排序，推荐成交候选人顺序，形成谈判报告。

图 6-3

由上图可知，采购谈判要谈的内容主要是采购需求、采购质量、

采购服务以及采购价格，而不同阶段针对这4项内容会有谈判侧重点。

采购需求。指对采购标的物的特征描述。在第一阶段的谈判中，采购需求的具体内容应包括材料物资的质量、性能、功能、体积、符号、标志和工艺等技术规格，这是采购企业对采购物资的基本要求，所以需要在第一阶段的谈判中明确。而谈判文件修正阶段和第二谈判阶段中，采购需求的具体内容应是采购数量和一些紧急变动的处理。

采购质量。指与采购活动相关的质量问题，即对供应商提供的产品进行质量的明确，包括材料物资的质量、功能和时间效率等内容。在第一谈判阶段要明确采购质量的要求，而第二阶段的谈判需要对质量不符合的情况做出处理措施的明确规定。

采购服务。包括采购方式的确定（如联合采购和采购外包等）、采购咨询、采购代理、标书制作以及物流管理等服务。第一阶段谈判时明确采购服务的类型，第二阶段谈判时针对提供的服务出现问题时，明确相应的解决措施。

采购价格。在谈判第一阶段可适当提及采购价格的问题，但不能过分强调价格，否则会失去很多候选供应商。在修正谈判文件并进入谈判第二阶段后，着重强调采购价格，就这一谈判内容与供应商们进行谈判协商，你来我往，得出一个合理的价格。

6.4
竞争性谈判让采购更利于企业

由于竞争性谈判具有特殊性和灵活性，使得企业可充分利用谈判来控制采购价格，相应地控制采购成本，有利于供应商之间进行良性的报价竞争，因此，该采购方式经常被各类企业使用。

6.4.1 竞争性谈判的适用范围、条件和基本程序

虽然竞争性谈判这一采购方式是大多数企业常用的，但也有一定的适用范围和适用条件，并且实施采购谈判时还要遵循特定的程序。如表 6-4 所示的是竞争性谈判采购方式的适用范围和适用条件。

表 6-4　竞争性谈判采购的适用范围和条件

项目	具体内容
适用范围	1. 依法制定的集中采购目录以内，且未达到公开招标数额标准的货物和服务； 2. 依法制定的集中采购目录以外、采购限额标准以上，且未达到公开招标数额标准的货物和服务； 3. 达到公开招标数额标准、经批准采用非公开招标方式的货物和服务； 4. 按照招标投标法及其实施条例规定的必须进行招标的工程建设项目以外的政府采购工程
适用条件	1. 招标后没有供应商投标或没有合格标，或者重新招标未能成立的； 2. 技术复杂或性质特殊，不能确定详细规格或具体要求的； 3. 非采购人员所能预见的原因或因采购人员拖延造成采用招标所需时间不能满足企业紧急需要的； 4. 因艺术品采购、专利、专有技术或服务的时间、数量等事先不能确定的原因而不能事先计算出价格总额的

大多数企业的采购项目都符合上表所述的范围和条件，所以在采购过程中使用竞争性谈判方式进行采购的情况比较常见。

与招标采购一样，竞争性谈判采购也有规范的工作流程，不同企业的采购人员需要根据自身情况，按照已经确定的采购程序完成采购工作。一般的实施程序如图 6-4 所示。

提出采用竞争性谈判采购的理由

采购人员编制采购预算，填写采购申请表并提出采用竞争性谈判采购的理由，经上级主管部门审核后提交采购部门。

确定采购方式

采购部门根据采购项目及相关规定确定竞争性谈判这一采购方式，并确定采购途径是委托采购还是自行采购。如果企业选择委托采购，则需要选定代理机构；如果企业选择自行采购，则不需要选定代理机构。

组建谈判小组并编制谈判文件

企业要从采购部门中选派具有谈判能力的采购人员参与竞争性谈判采购会议，增加谈判胜算，为企业更好地控制采购成本。同时，采购部门的相关人员要根据企业采购需求编制谈判文件，文件应明确谈判程序与内容、合同草案条款以及评定成交的标准等事项。

确定参与谈判的供应商名单并实施谈判

谈判小组根据采购需求，从符合相应资格条件的供应商名单中确定并邀请3家以上的供应商进行谈判。接着，谈判小组所有成员集中与每一个被邀请的供应商分别进行谈判，谈判过程中，任何一方不得透露与谈判有关的其他供应商的技术资料、价格和其他信息。若谈判文件有实质性变动，则谈判小组应以书面形式通知所有参与谈判的供应商。谈判时可按照供应商提交投标文件的顺序或抽签方式确定谈判顺序。

确定成交供应商

谈判结束后，谈判小组应要求所有参加谈判的供应商在规定时间内进行最后报价，采购人员从谈判小组提出的成交候选人中确定出成交供应商。在确定成交供应商时要符合采购需求、质量、服务且报价最低的原则。

公示评审及发出成交通知书

公示内容包括成交供应商名单、谈判文件修正条款、各供应商报价及谈判专家名单等。公示期满后无异议的，即可发出成交通知书。

图 6-4

6.4.2 如何才能做到开局制胜

采购企业在与供应商进行竞争性谈判时，如何才能一开始就抢占先机，占据谈判的主导地位，是谈判人员需要学习的工作技能。在实际操作中，谈判人员可从以下 4 个方面着手，为企业赢得谈判主导地位。

（1）选对谈判场合

不同的谈判地点对谈判的气氛和结果会有不同影响，有利的场所能增加谈判的力量，这时会有主场谈判和客场谈判之分，两者的优劣对比如表 6-5 所示。

表 6-5　谈判场合的对比与选择

场合	优劣分析
主场谈判	在己方所在地进行的谈判称为主场谈判，其优势为：谈判环境熟悉，有安全感；与上级和专家顾问等人员的沟通更方便，容易获得智力支持；可安排对己方有利的谈判议程和地点；可利用本企业的相关规定、规章和物质条件等因素巧妙地对谈判施加影响；可节省外出时间和费用
客场谈判	在对方所在地进行的谈判称为客场谈判，其优势为：可省去自身必须承担的迎来送往业务；可以到供应商企业进行实地考察，获取准确的一手资料；能防止供应商借权力有限为由故意拖延谈判时间

需要注意的是，在比较正式的谈判中，一般都是谈判双方轮流做东。如果没有事先约定，尽量让对方到己方企业谈判。因为过于主动、积极地到对方所在地进行谈判，会削弱己方谈判者的实力和谈判地位。

谈判的具体地点则要根据谈判的不同需要而定。如果企业想让谈判比较正式，可选择经过特意布置的谈判室或会议室谈判；若想创造良好的谈判氛围，则谈判室内宜选择椭圆形桌子、柔和的灯光等；若想让对方感觉到有压力，谈判室内宜选择长方形桌子、压抑的灯光和

严谨的标语等。如果不想让谈判太正式，而希望增进与对方的情感交流，则宜选择一些非正式的谈判地点，如咖啡厅、茶吧、餐桌或酒吧等地方。

（2）选对谈判时机

谈判时机的掌握就是对提问时机的掌握，在实际谈判过程中，问题即使提得再好，如果不合时机，同样起不到应有的作用，有经验的谈判者认为，提问以选择如下时机为宜。

在对方发言完毕后提问。当对方发言时，要认真倾听，即使发现问题很想提问，也不要打断对方，可先把发现的问题记录下来，待对方发言完毕后再提问。这样不仅体现了自身修养，还能全面地、完整地了解对方的观点和意图，避免操之过急而曲解或误解对方的意图。

在对方发言停顿、间歇时提问。在谈判中，如果对方发言冗长，或不得其发言要领，或纠缠细节，或离题太远等影响谈判进程的，可在对方发言停顿时借机提问。比如，可在对方停顿时借机提问"细节问题我们以后再谈，请谈谈你的主要观点好吗？"

在自己发言前后提问。当轮到己方发言时，可在谈及自己观点之前对对方的发言进行自问自答。比如"您刚才的发言说明什么问题呢？我的理解是……对于这个问题，我谈谈几点看法。"在充分表达自己的观点后，为了使谈判沿着自己的思路发展，可这样提问"我们的基本立场和观点就是这样，您对此有何看法呢？"

在议程规定的谈判时间内提问。聪明的谈判者在辩论前的几轮谈判中，总是细心记录，深入思考，抓住谈判桌上的分歧进行提问，不问则已，一问就要问到要害处。此外，提问的语速应快慢适中，选择对方心情好的时候给予对方足够的答复时间。

（3）学会给问题设定范围

为了控制谈判过程中所提的问题在可控范围内，企业需要事先对可能涉及的问题设定范围。这样不仅可以在谈判时提醒自己该如何提问，也可以在谈判跑题时及时回归主题。

在给问题设定范围时，首先确定每一个谈判阶段会涉及的主要问题；然后再对每一个主要问题可能关联的相似问题或相反问题进行列举，争取涵盖同一问题的各个方面；接着对问题可能引发的影响谈判进程的情况也要考虑到，必要时可在问题旁边进行注释说明；最后将所有问题进行整理归类，做成一份完整的提问单。

比如，在谈判第一阶段针对采购需求，可能会涉及的问题有：你方大致需要的采购量是多少？除了谈判文件中列举的产品型号外，是否还需要其他型号的产品？对于产品的性能有没有什么特殊的要求？你方目前经营的产品规格有哪些？哪种规格的产品销售业绩好？如果采购的材料物资不能及时发货，是否有同等价值的材料物资代替？为什么报价组成要这样设置等。

（4）选对谈判方式

谈判方式的类型繁多，不同的谈判方式会对谈判效果产生不同的影响。而众多谈判方式可归纳为两大类：口头式谈判和书面式谈判。

口头式谈判是指谈判双方就谈判的相关议题以口头形式提出并磋商，而不提交任何书面形式文件的谈判，比如面对面谈判和电话谈判等。书面式谈判是指谈判双方或多方将谈判的相关内容和条件等，通过邮件、电传或互联网等方式传递给对方所进行的谈判，比如函电谈判和网上谈判等。具体谈判方式的介绍如表 6-6 所示。

表 6-6　谈判方式的选择

方式	做法
面对面谈判	是所有谈判方式中最古老、应用最广泛和最常用的一种方式，谈判双方直接面对面地就谈判内容进行沟通、磋商和洽谈。 该方式可直接观察对方的仪表、手势、表情和态度，具有较大的灵活性，谈判流程较规范，内容更加深入细致，有利于建立长久的贸易伙伴关系，成功的概率比较高。 但是，该方式下容易被谈判对方了解到己方的谈判意图，且决策时间短，费用较高。 适用范围：比较正规、大型或重要的谈判以及谈判各方相距较近的情况
电话谈判	与面对面谈判的不同之处在于双方不见面地进行磋商，相同之处在于都用言语的表达来完成谈判过程。 该方式的优点是快速、方便且联系广泛，但缺点是容易引起谈判双方的误解，容易被拒绝，某些事项容易被遗漏或删除，合作关系的确立有风险，谈判时间也比较紧迫。 适用范围：想与对方快速联系、沟通和尽快成交的；想取得谈判优势地位的；想使商务信息的流传面小时；想减低谈判双方地位悬殊的；在拒绝谈判对手时或想中断谈判时；故意表示己方谈判态度强硬和立场坚定时；对待难以沟通和难以对付的谈判对手时。 采取电话谈判时要注意，争取主动、做好准备工作、集中精神、听说有度、把握节奏、及时更正且记录完整，更重要的一点是，要做好录音工作，防止对方承诺反悔
函电谈判	指通过邮件、电传和传真等途径进行磋商，寻求达成交易的书面谈判方式。与电话谈判的相同之处在于都是不见面的磋商，不同之处在于表达方式是用文字而不是语言。 该方式在国际贸易商务谈判中使用最普遍、最频繁，方便、准确、省时且成本低，有利于谈判决策；但由于通过文字进行谈判，所以可能出现理解不一致的情况，不见面就无法观察判断对方的心理活动，不能运用语言和非语言技巧，讨论问题也不会很深入、细致。 函电谈判时要注意函电的写作结构，一般包括标题、编号、收文单位、正文、附件和发文单位、日期及盖章等。在处理谈判函电时要有计划、分步骤、不积压、不遗漏及不出差错。 函电谈判有其独特的程序，询盘（多由卖方发出，询问另一方供应或购买某种商品的条件）→发盘（多由卖方发出，向另一方提出买卖商品的交易条件）→还盘（受盘人不同意发盘条件，提出修改意见）→接受（受盘人同意发盘条件）→签订合同

续表

方式	做法
网上谈判	是借助于互联网进行协商和对话的一种特殊书面谈判，为买卖双方的沟通提供了丰富的信息和低廉的沟通成本，具有强大的吸引力。其特点是：加强了信息的交流、有利于慎重决策、可降低谈判成本、能改善服务质量并增强企业的竞争力，也能提高谈判效率。 网上谈判要注意加强资料的存档保管工作，谈判交易条件和确认等资料要及时下载并打印成文字，以备存查。虽然是网上谈判，但也必须签订书面合同

企业根据上述谈判方式的优缺点，结合自身的发展需要，选对方式就可达到开局制胜的效果。

6.4.3 谈判陷入僵局怎么处理

谈判陷入僵局是指谈判过程中，双方所谈问题的利益要求差距较大，各方又都不肯做出让步，导致双方因暂时不可调和的矛盾而形成对峙，使谈判呈现出一种不进不退的僵持局面。如果企业与供应商在谈判过程中不慎陷入僵局，则需要及时打破僵局，具体办法有如下所示的一些。

◆ 缓解意见性对立僵局的技巧

意见性对立僵局就是谈判双方针对谈判内容本身产生的立场对立局面，主要可从 4 个方面入手打破僵局。

①借助有关事实和理由委婉地否定对方的意见，而在否定对方意见时需要遵循 4 点：先肯定，后否定；先利用，后转化；先提问，后否定；先重复，后削弱。

②求同存异。即先由对方采取主动改变话题来打破僵局，当经过

一定时间的争执或沉默后，己方不能确定对方会先改变话题，而僵局的持续给己方带来很大压力时，己方可主动改变话题打破僵局。

③拖延战术。当谈判双方陷入僵局时，有必要把洽谈节奏放慢，看看阻碍谈判的障碍到底是什么，然后想办法解决；或者利用消磨意志的方法来"逼迫"对方主动打破僵局；另外，己方可通过拖延谈判时间来引导对方留下漏洞，从而抓住漏洞来打破僵局。

④当谈判一方在陷入僵局时不想做较大让步，就可让有决定权的决策人转入幕后指挥，而让代理人替其进行谈判，以打破僵局。在这时，选择代理人的条件要合适，代理人在进行谈判时要善于使用"权力有限"这一武器。

◆　缓解情绪性对立僵局的技巧

有的谈判陷入僵局并不是因为谈判文件和内容本身，而是因为参与谈判者的情绪，比如抵触、反感谈判会议等。这种情况下有3种处理方式。

①运用休会策略。休会的目的是通过暂停会议来使谈判双方能够冷静下来，认真思考谈判的利弊。

②运用真挚的感情打动对方。当谈判对方的情绪波动较大时，己方要态度诚恳地表达合作意愿，要对谈判涉及的内容更加坦白，凸显胸怀，让对方感受到诚意。

③利用第三者调解或仲裁。当谈判双方的情绪非常激动而无法冷静下来时，可能就需要采取这种方法来打破情绪化造成的僵局。

6.4.4 懂得利用谈判对手的性格弱点

谈判的成败取决于很多因素，从谈判过程和主观角度看，其关键因素是谈判双方的人员性格。灵活地采用因人而异的谈判策略可提高谈判的成功率，而要做到这一点就必须了解对手的性格。下面就针对谈判中常常遇到的对手类型进行性格分析和谈判应对措施的讲解。

（1）能说会道的谈判对手

这类谈判对手爱说话，谈判刚刚开始客气几句就开始滔滔不绝地发表意见。他们善于表达，在陈述意见和观点时逻辑性强，言简意赅，使无理的事情都变得有理。他们处事机灵，对外界事物反应敏感，但对事物的评价缺乏客观性，有时会感情用事，容易改变立场。

日本一家航空公司就引起法国飞机的问题与法国的飞机制造厂商进行谈判。为了让该航空公司了解产品的性能，法国方面做了大量准备工作，各种资料一应俱全，谈判一开始，急于求成的法方代表口若悬河，滔滔不绝地进行讲解，翻译忙得满头大汗。航空公司的代表埋头做笔记，仔细聆听，一言不发。法方最后问道："你们觉得怎么样？"日方代表微笑着回答："不明白。"法方代表只得又进行一次讲解。这样反复几次的结果，航空公司把价格压到了最低。

法方自顾自地发表自己的意见，完全不顾及日方代表，日方代表虽然在认真听并做笔记，但法方的做法也会让日方感到夸张，可信度不高，所以最后被日方代表压低了价格，赢得了谈判。案例中的日方代表以静制动，不仅没有被法方代表的"雄辩"吓住，反而赢得谈判。

由此可知，当我方遇到供应商谈判时滔滔不绝发表意见而不给我方留有反驳空间时，需要掌握一定的应对策略。主要有如下一些。

◆ 不要被对方的"雄辩"吓倒，要有针对性地或者及时地畅谈我方的观点。

◆ 要利用对方爱说话、善交际的特点，多与其沟通交流，给足他

"畅谈"的时间，这样可从其暴露的很多漏洞中寻找谈判突破口，以不变应万变，占据谈判主导地位。

◆ 不要被对方的夸夸其谈所迷惑，一定要坚持自己的立场，不要轻易妥协。谈判最忌讳轻易妥协，因为一旦开始妥协，就会促使对方得寸进尺地提出不合理要求。

（2）顽强固执的谈判对手

这类谈判对手具有韧性、精力充沛、毅力强，在谈判中不仅能适应紧张的环境，还能锲而不舍地坚持到底，即使遇到困难也不灰心。同时，这类人固执己见，不轻易改变自己的观点，不能以客观标准衡量事物，我行我素，不给别人留下任何余地。

欧洲某公司代理 A 工程公司到中国与 B 公司谈判出口工程设备的交易。中方根据其报价提出了意见，建议对方考虑中国市场的竞争性和该公司第一次进入中国市场的问题，认真改善价格。该代理公司做了一番解释后仍不降价，并说其委托人的价格是合理的。中方公司 B 对其条件又做了分析，代理人又做解释，一上午的谈判时间过去了，毫无结果。中方认为其过于傲慢固执，代理人认为中方毫无购买诚意且没有理解力。双方互相埋怨后谈判不欢而散。

如果企业遇到顽强固执的谈判对手，可采取"以柔克刚"的方式，冷静、耐心地与之交谈，同时要尽力寻找对方的弱点，包括谈判实力的弱点和谈判者的性格弱点，把诱发需求和利用弱点相结合，就可提高成功的概率。

对于顽固而又权力有限的谈判对手，可直接找到其上司进行商谈，但需要注意的是，当无法实施上述办法时，还是及时退出谈判，不要浪费有限的时间和精力。

（3）深藏不露的谈判对手

这类谈判对手在谈判桌上存在着很多不轻易表露的言行，很有自控能力，所以城府很深，难以琢磨或揣测他们想说什么或想做什么。同时，这类人精于"装糊涂"，善于伪装自己，好像没听懂对方表达的意思，回答问题时吞吞吐吐、闪烁其词，甚至不着边际。

美方企业代表打开了房间里的灯，对 3 位日方代表说："你们认为怎样？"一位日方代表礼貌地回答："抱歉，我们不明白。"美方企业代表的脸色顿时变了，这个回答太出乎他们的意料了，他不解地问："你们不明白？这是什么意思？你们不明白什么？"另一位日方代表微笑着说："这一切都不明白。"美方企业代表的心脏都要停止了，问："从哪里开始不明白的？"第 3 个日方代表也只给出了相同的回答："从电灯关了开始。"那位美方企业代表松了松领带，气馁地说："那么……你们希望怎样？"日方 3 位代表一齐回答："你们可以重放一次吗？"

至此，美方企业代表彻底地感受到了挫折和打击，士气严重受挫，无法再信心十足地重复数小时的推销性介绍，且可能冒着再次对牛弹琴的风险。

上述案例中，美方企业代表准备充分，言之有据，似乎占据了谈判主动权，但这种优势被日方代表"我不明白……"的"装糊涂"给彻底消除，使得美方处于不利地位，双方的局势发生彻底改变，结果使得谈判以美方要价被压到最低结束。

对于这类谈判对手，企业要有高度的警惕和清醒的头脑，灵活综合运用谈判策略。挖空心思探测对方的情报和底细，使其露出真面目；学会运用谈判中的体态语言，如注意对方的眼神和表情的细微变化，揣测他们的真实意图；或者以"是非"提问方式征求意见，让其做出肯定或否定的回答，避免给出模棱两可的选择而让对方有空子可钻。

6.4.5 谈判中要避免这些事项

企业在与供应商们进行竞争性谈判时，需要避免一些事项或问题才能更好地促成谈判。常见的有如下 9 点内容。

谈判行为举止拘谨。谈判过程中的行为举止可以表现谈判者的信心和决心，谈判有感染力，就可提升谈判者的可信度，让对手有理由接受你的建议。行为举止拘谨，言谈没有感染力，一方面会让对方感觉谈判过程很无聊很枯燥，另一方面也无法引起对方的兴趣，无法让双方进入到深刻的讨论当中。

表情过于丰富。在谈判过程中，不要用带有感情色彩的词汇回答对手的问题，不要回应对方施加的压力，脸上表情不要太多，否则很容易让谈判对手读懂你的内心想法，然后被其牵着鼻子走。

起点要求太低。谈判时最初提出的要求高一些比较好，这样可以给自己留出回旋的余地，使得经过让步后所处的地位也不会太差。若起点要求太低，则经过谈判后可能会以更低的标准达成谈判，这将不利于自身的利益。

轻易妥协。企业在确定一个立场之后就要明确表示不会再让步，否则一旦轻易地妥协，会让对方以为好说话，进而提出更不利于己方的要求。

越权处理。谈判双方要诚心诚意地参与谈判，当必须要敲定某项规则时，可说明需要上司的批准，切忌越权处理事务或采购事项。

急于求成，问题一把抓。如果面对一群谈判对手，则可先设法说服其中一个对手接受自己的建议，然后再"利用"此人帮助说服他的伙伴。对于对方提出的多个问题，我们不能想着同时解决，要各个击破。

不休息地进行谈判。企业应在一定时间内中止谈判会议，打破僵局或让双方休息冷静一下，当情况好转后再接着谈判。若不间断地进行谈判，会使得谈判双方精神疲劳，谈判效果不佳，双方抓不住谈判重点。

情绪急躁。在与供应商进行谈判时一定要有耐心，切莫急躁。时间如果不够，可适当延长谈判时间即可，这样可提高谈判成功的几率。越是处变不惊，对手就越会感受到采购方的强大，进而让其接受采购方提出的条件。

分歧太多。谈判过程的发展就是产生分歧和解决分歧的过程，但实际谈判时不能有太多分歧，否则谈判双方会因为太多的"谈不拢"而放弃谈判。

6.4.6 学会压价，直接降低采购成本

竞争性谈判采购方式就是对材料物资、产品或服务的质量、数量及价格等进行商议，在采购企业和供应商之间不断的你来我往、讨价还价过程中形成最终的采购价格。那么，采购人员在谈判中如何成功压价呢？

◆ 压价——还价技巧

还价一般是指买方嫌货价高而说出愿付的价格，作为采购企业，还价是需要掌握一定的技巧，具体介绍如表 6-7 所示。

表 6-7 谈判时压价的还价技巧

技巧	做法
有弹性	对于采购人员来说，切忌漫天还价，乱还价格，否则会给人"光天化日下抢劫"的感受；也不要一开始就还出最低价，这样会失去还价的弹性而处于被动地位，让人觉得做生意不够精明，从而使价格谈判毫无继续的余地

续表

技巧	做法
化零为整	采购人员在还价时可将价格集中，在供应商心理上造成相对的价格昂贵感，这样会比用小数目进行报价获得更好的交易。在实际操作时，主要是换算成大单位的价格，加大计量单位，比如，将"公斤"改为"吨"；"两"改为"公斤"；"月"改为"年"等
请上级议价	通常供应商不会自动降价，采购人员必须据理力争，而供应商的降价意愿和幅度会视议价的对象而定。因此，如果采购人员对议价的结果不太满意，则可请求上级主管和供应商议价，这样可让供应商感受到被敬重的感觉，进而可能同意提高降价的幅度。如果采购金额巨大，采购人员甚至可请求更高层的主管（如采购经理、副总经理或总经理等）邀约供应商面谈，或直接由采购企业的高层主管与对方高层主管对话，即充分利用上级主管的议价能力
压迫降价	即买方占优势的情况下，以"胁迫"方式要求供应商降低价格，并不征询供应商意见。这通常是在卖方处于产品销路欠佳或竞争十分激烈，以致于发生亏损和利润微薄的情况下，为改善其获利能力而使出的杀手锏。此时，采购人员通常遵照公司的紧急措施，通知供应商自特定日期起降价若干，若原来供应商缺乏配合意愿，则更换供应来源。当然，这种极端的降价手段会破坏供需双方的关系，当市场转好时，原来"委曲求全"的供应商可能会"以牙还牙"抬高售价，也可能另谋购货商，这将对采购企业不利

◆ 压价——让步技巧

采购人员在让步时一定要谨慎，要让对方意识到你的每一次让步都是艰难的，使对方充满期待；每次让步的幅度不能太大；尽量迫使对方在关键问题上先行让步，而己方则在对手的强烈要求下在次要方面或较小问题上让步；每一次让步都需要对方用一定的条件交换，不做无谓的让步；了解对方的真实状况，在对方急需的条件上坚守阵地不要妥协；事先做好让步计划，所有让步都应有序。

总的来说，采购人员可保持"若即若离"的状态，从试探性的询价着手，判断出供应商有强烈的销售意愿后再要求更低的价格。

采购签约，达成供需合作关系

当企业采购人员通过一定的采购方式与供应商完成了采购协商，双方达成共识后，就可正式签订采购合同，确定双方的供需合作关系。在签订采购合同的环节，有很多工作需要采购人员完成，并不是简简单单地签订一个合同就完事了，合同的制定与管理都需要相关人员认真负责对待。

合同的订立和履行

合同订立是指采购方与供应商通过协商确定建立合同关系的行为，而合同的履行则是指采购方和供应商按照合同规定执行合同，包括义务的履行和权利的维护。当合同义务执行完毕后，合同也就履行完毕。

7.1.1 完整的采购合同形式

采购合同是采购企业与供应商经过谈判协商或询价招标等方式达成统一意见而签订的表明"供需关系"的法律性文件，合同双方都应遵守和履行。采购合同是经济合同，双方受《合同法》的保护和约束。采购合同是商务性的契约文件，其内容条款一般包括如下一些。

- ◆ 供应商和采购企业的全名及法人代表名称。
- ◆ 合同双方的通讯联系电话、电报和电传等。
- ◆ 采购货品的名称、型号、规格以及采购的数量。
- ◆ 采购货品的价格、交货期、交付方式和交货地点。
- ◆ 采购交易的质量要求和验收方法，以及不合格品的处理。
- ◆ 有的采购项目还会涉及质量协议，一般会在采购合同中写明"见《质量协议》"。
- ◆ 采购双方的违约责任等。

采购项目的不同会使合同内容有差异，比如材料采购合同、物资采购合同和设备采购合同，下面以材料采购合同范本为例认识采购合同的完整形式，如图 7-1 所示。

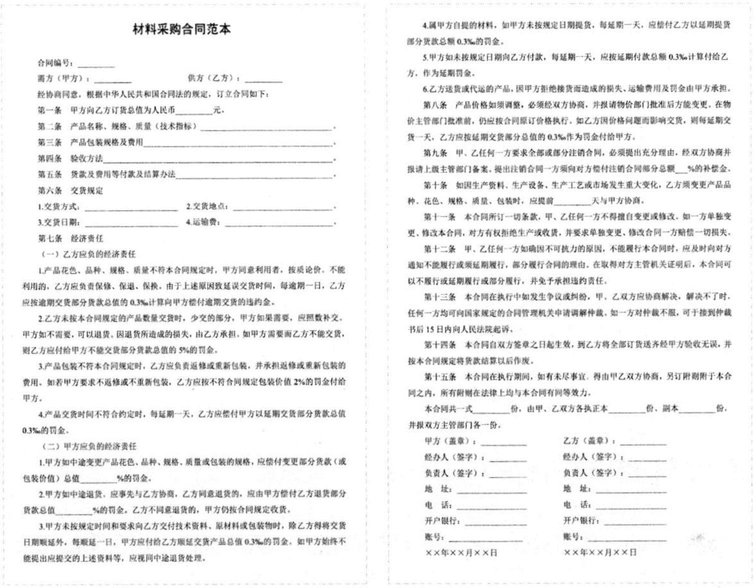
材料采购合同范本

合同编号：________

需方（甲方）：________　　供方（乙方）：________

经协商同意，根据中华人民共和国合同法的规定，订立合同如下：

第一条　甲方向乙方订货总值为人民币________元。

第二条　产品名称、规格、质量（技术指标）________________。

第三条　产品包装规格及费用________________。

第四条　验收方法________________。

第五条　货款及费用等付款及结算办法________________。

第六条　交货规定

1.交货方式：________________　2.交货地点：________________。

3.交货日期：________________　4.运输费：________________。

第七条　经济责任

（一）乙方应负的经济责任

1.产品花色、品种、规格、质量不符本合同规定时，甲方同意利用者，按质论价。不能利用的，乙方应负责保修、保退、保换。由于上述原因致延误交货时间，每逾期一日，乙方应按逾期交货部分货款总值的 0.3‰计算向甲方偿付逾期交货的违约金。

2.乙方未按本合同规定的产品数量交货时，少交的部分，甲方如果需要，应照数补交。甲方如不需要，可以退货。因退货所造成的损失，由乙方承担。如甲方需要而乙方不能交货，则乙方应付给甲方不能交货部分货款总值的 5%的罚金。

3.产品包装不符本合同规定时，乙方应负责返修或重新包装，并承担返修或重新包装的费用。如若甲方要求不返修或不重新包装，乙方应按不符合同规定包装价值 2%的罚金付给甲方。

4.产品交货时间不符合约定时，每延期一天，乙方应偿付甲方以延期交货部分货款总值 0.3‰的罚金。

（二）甲方应负的经济责任

1.甲方如中途变更产品花色、品种、规格、质量或包装的规格，应偿付变更部分货款（或包装价值）总值________%的罚金。

2.甲方如中途退货，应事先与乙方协商，乙方同意退货的，应由甲方偿付乙方退货部分货款总值________%的罚金。乙方不同意退货的，甲方仍按合同规定收货。

3.甲方未按规定时间和要求向乙方交付技术资料、原材料或包装物时，除乙方得将交货日期顺延外，每顺延一日，甲方应付给乙方顺延交货产品总值 0.3‰的罚金。如甲方始终不能提出应提交的上述资料等，应视同中途退货处理。

4.属甲方自提的材料，如甲方未按规定日期提货，每延期一天，应偿付乙方以延期提货部分货款总额 0.3‰的罚金。

5.甲方如未按规定日期向乙方付款，每延期一天，应按延期付款总额 0.3‰计算付给乙方，作为延期罚金。

6.乙方送货或代运的产品，因甲方拒绝接货而造成的损失、运输费用及罚金由甲方承担。

第八条　产品价格如须调整，必须经双方协商，并报请物价部门批准后方能变更。在物价主管部门批准前，仍应按合同原订价格执行。如乙方因价格问题而影响交货，则每延期交货一天，乙方应按延期交货部分总值的 0.3‰作为罚金付给甲方。

第九条　甲、乙任何一方要求全部或部分注销合同，必须提出充分理由，经双方协商并报请上级主管部门备案。提出注销合同一方须向对方偿付注销合同部分总额___%的补偿金。

第十条　如因生产资料、生产设备、生产工艺或市场发生重大变化，乙方须变更产品品种、花色、规格、质量、包装时，应提前________天与甲方协商。

第十一条　本合同所订一切条款，甲、乙任何一方不得擅自变更或修改。如一方单独变更、修改本合同，对方有权拒绝生产或收货，并要求单独变更、修改合同一方赔偿一切损失。

第十二条　甲、乙任何一方如确因不可抗力的原因，不能履行本合同时，应及时向对方通知不能履行或须延期履行，部分履行合同的理由。在取得对方主管机关证明后，本合同可以不履行或延期履行或部分履行，并免予承担违约责任。

第十三条　本合同在执行中如发生争议或纠纷，甲、乙双方应协商解决，解决不了时，任何一方均可向国家规定的合同管理机关申请调解仲裁。如一方对仲裁不服，可于接到仲裁书后 15 日内向人民法院起诉。

第十四条　本合同自双方签章之日起生效，到乙方将全部订货送齐经甲方验收无误，并按本合同规定将货款结算以后作废。

第十五条　本合同在执行期间，如有未尽事宜，得由甲乙双方协商，另订附则附于本合同之内，所有附则在法律上均与本合同有同等效力。

本合同共一式________份，由甲、乙双方各执正本________份、副本________份，并报双方主管部门各一份。

甲方（盖章）：________　　乙方（盖章）：________

经办人（签字）：________　　经办人（签字）：________

负责人（签字）：________　　负责人（签字）：________

地　址：________　　地　址：________

电　话：________　　电　话：________

开户银行：________　　开户银行：________

账号：________　　账号：________

××年××月××日　　××年××月××日

图 7-1

7.1.2 合同签订需要完成哪些步骤

签订采购合同的程序根据不同的采购方式而有所不同，这里主要介绍签订采购合同的一般步骤。普遍运用的采购合同的签订要经过要约和承诺这两个阶段。

（1）要约

该阶段中，采购企业或供应商向对方提出订立合同的建议（提出建议的一方称为要约人）。要约是订立采购合同的第一步，应具有如下一些特征才行。

◆ 要约是要约人单方的意思表示，可向特定的对象发出，也可向

非特定的对象发出。当向某一特定对象发出要约时，要约人在要约期限内不得再向第三人提出同样的要约，不得与第三人订立同样的采购合同。

◆ 要约内容必须明确、真实且具体，不能含糊其辞，模棱两可。

◆ 要约是要约人向对方做出的允诺，因此，要约人要对要约承担责任，并且受要约的约束。如果对方在要约方规定的期限内做出承诺，要约人就有接受承诺并与对方订立采购合同的义务。

◆ 要约人可在得到对方接受要约表示前撤回自己的要约，但撤回要约的通知必须不迟于要约到达时间。对已撤回的要约或超过承诺期限的要约，要约人不再承担法律责任。

在要约阶段发生的与签订采购合同有关的步骤如图 7-2 所示。

供应商或采购人员将采购订单送达至自身企业的采购部门，由采购部门负责起草采购合同。采购合同必须包括商务文本和技术协议两部分。

↓

采购人员按照采购物品类别，给商务文本选用适当的合同版本，并完善商务条款；同时，技术部拟定确认技术协议，然后交给采购部门。技术协议包括图纸、技术指标说明和技术协议书等必要文本。

↓

供应商或采购企业将拟好的采购合同交由采购部经理审核签字，再交给对方。

图 7-2

（2）承诺

承诺表示采购企业或供应商完全接受要约人的订约建议，同意订立采购合同的意思。接受要约的一方称为承诺人，承诺是订立采购合同的第二大步骤，具有以下特征。

◆ 承诺由接受要约的一方向要约人做出。

◆ 承诺必须是完全接受要约人的要约条款，不能附带任何其他条件，即承诺内容要与要约内容完全一致，这时的协议才算成立。如果对要约提出代表性意见或附加条款，则表示拒绝原要约，提出新要约，这时要约人与承诺人之间的位置就发生了交换。实际签订采购合同过程中，很难做到一次性完全接受要约。

该阶段发生的与签订采购合同有关的步骤如图 7-3 所示。

```
┌─────────────────────────────────────────────────────────┐
│ 供应商或采购人员将收到的对方递交的采购合同交由本企业的行政部加盖合 │
│ 同专用章。                                                │
└─────────────────────────────────────────────────────────┘
                              ↓
┌─────────────────────────────────────────────────────────┐
│ 采购双方的法定代表在采购合同上签字盖章，确定合同的有效日期。当订立 │
│ 的采购合同涉及的金额数目较大或涉及的产品为大宗商品时，还必须经过工 │
│ 商行政管理部门或立约双方的主管部门订立合同签证。这样就完成了采购合 │
│ 同的签订。                                                │
└─────────────────────────────────────────────────────────┘
```

图 7-3

7.1.3 严格审核，保证合同的有效性

采购双方在签订合同时要照法律法规以及自行约定的合同内容和格式进行审核，这就是合同审查。审查内容包括合同是否成立、如何生效、有无效力待定或无效的情形、合同权利义务如何终止或是否终止以及相应合同约定或条款会产生什么样的法律后果等。那么，合同有效需要满足哪些条件呢？

◆ 当事人具有相应的民事行为能力

这里的民事行为能力包括合同行为能力和相应的缔约能力，这是合同当事人了解和把握合同的发展状况及法律效果的基本条件。

①自然人签订合同，原则上必须有完全行为能力，限制行为能力人和无行为能力人不得亲自签订合同，而应由其法定代理人代签。但

合同法有一例外规定，限制行为能力人可独立签订纯利益合同或与其年龄、智力及精神健康状况相适应的合同。

②对非自然人而言，必须是依法定程序成立后才具有合同行为能力，同时还要具有相应的缔约能力，即必须在法律、行政法规及有关部门授予的权限范围内签订合同，这样签订的合同才有效。

◆ 当事人意思表示真实

采购合同的缔约人的表示行为应真实反映其内心的效果意思，即其效果意思与表示行为相一致。意思表示不真实，对合同效力的影响应视具体情况而定，主要包括以下几种情况。

①在一般误解等情况下，合同仍有效。

②有重大误解时，合同可被变更或撤销。

③在乘人之危致使合同显失公平的情况下，合同可被变更或撤销。

④在因欺诈或胁迫而成立合同时，若损害国家利益，合同无效；若未损害国家利益，则合同有效，但可被变更或撤销。

◆ 不违反法律或社会公共利益

合同有效的一个重要前提就是不违反法律或社会公共利益，如果违反了，则合同无效。

◆ 合同标的必须确定和可能

合同标的决定着合同权利义务的质和量，没有它，合同就会失去目的，失去积极意义，进而归于无效。

①合同标的确定是指合同标的的自始确定，或可得确定。

②合同标的可能是指合同给付可能实现。一些采购合同涉及特殊项目，可能会有一些特殊的有效要件，如对外合作开采石油合同需要

经过国家有关部门的批准才能生效。

认识了合同有效的条件后，我们还要清楚如何审查合同是否有效，主要从如表7-1所示的几方面进行审查。

表7-1 合同是否有效的审查内容

方面	审查内容
审查合同签订的手续和形式是否完备	1.审查合同是否需要经过有关机关批准或登记，若需经过批准或登记，则审查合同是否履行了批准或登记手续。 2.若合同中约定必须经公证后合同才能生效，则需审查合同是否经过公证机关公证。 3.若合同附有生效期限，应审查期限是否届至。 4.若合同约定第三人为保证人的，应审查是否有保证人的签名或盖章；采用抵押方式担保的，若法律规定或合同约定必须办理抵押物登记的，应审查是否办理了登记手续；采用质押担保方式的，应按合同中约定的质物交付时间，审查当事人是否按时履行了质物交付的法定手续。 5.审查合同双方当事人是否在合同上签字或盖章
审查合同主体是否合法	审查签订合同的当事人是否是经过有关部门批准成立的法人或个体工商户；是否是具备与签订合同相应的民事权利能力和民事行为能力的公民；审查法定代表人或主管负责人的资格证明；代订合同的，审查是否具备委托人的受托证明，并审查是否在授权范围和期限内签订合同；有担保人的合同要审查担保人是否具有担保能力和担保资格
审查合同意思表示的真实性	与对方核查合同中的每一项内容所表达的意思，确保合同的字面意思清楚表达了签订合同的当事人的内心效果和意思
审查合同内容是否合法	重点审查合同内容是否损害国家、集体或第三人的利益；是否有以合法形式掩盖非法目的的情形；是否损害社会公共利益；是否违反法律和行政法规的强制性规定
审查合同条款是否完备	每份合同都有必须包含的内容和条款，合同条款的完备与否是决定合同是否有效的一项重要条件，所以需要审查采购合同的具体条款
审查合同的文字是否规范	对合同草稿的每一条款、每一个词、每一个字甚至每一个标点是否符合都仔细推敲，反复斟酌，确定表述准确无误

7.1.4 签约过程中要警惕这些事项

采购双方在签订采购合同时，可能会忽视一些重要的细节，而这些细节会影响合同的主体意思，所以需要采购双方提高警惕。

◆ 注意合同名称与合同内容要一致

有些企业使用合同统一文本，这确实可以节省时间，但由于对合同性质了解不到位，可能出现合同名称与内容张冠李戴的情况。比如，原本是材料采购合同，却使用抬头为"设备采购合同"的合同文本，为合同以后的履行和适用法律条例增添了争议。

◆ 注意要列明每项材料或商品的单价

有的企业在采购合同中，标的是多种材料或商品，但却只在合同中明确各类材料或商品的总价款，而不确定具体每种材料或商品的单价。一旦合同部分履行后发生争议，就难以确定尚未履行部分的材料或商品的价款究竟是多少。

◆ 注意合同中违约金和赔偿金的计算方法

《合同法》虽然规定一方违约，另一方可向其追索违约金和赔偿金，但如果合同中没有明确违约金或赔偿金的数额，发生争议时法院就会视为双方当时放弃违约金权利。有赔偿金或违约金的计算方法，就利于以后发生争议时迅速确定赔偿金额。

◆ 注意合同基本条款要完备

尤其是交易的内容、履行方式和期限以及违约责任等要约定清楚，条款不完备的合同不能签字确定。另外，采购双方要查阅国家对该采购合同涉及的交易有无特别规定，目的是确定双方的权利义务是否合法且有效。

◆ 注意合同要明确交易管辖法院

根据《民事诉讼法》有关规定，合同双方当事人可在书面合同中协议选择被告住所地、合同履行地、合同签约地、原告住所地或标的物所在地人民法院为交易管辖法院，但不得违反诉讼法中对级别管辖和专属管辖的规定。这样便于在以后发生纠纷时能尽快确定办事法院。

◆ 注意言语陷阱

有些拟定合同的当事人会利用模棱两可的词句或多义词来设置陷阱，使得签订合同的对方无法轻易看出而导致违约，以此来骗取对方的违约金或赔偿金。所以，无论是拟定合同的一方，还是接受合同的一方，都要注意合同中的言辞陷阱，避免给公司带来不必要的经济损失。

◆ 注意签约对象要有主体资格

当前市场中，经营单位的性质、种类和背景比较复杂，有关部门的管理也不到位。为了防范欺诈行文，减少交易风险，签订合同的当事人非常有必要考察交易对方的主体资格、履行合同能力及信用情况等。主体资格方面应查看对方企业的营业执照和参加年检的证明资料，不能仅凭其名片、介绍信、工作证、公章、授权书或营业执照复印件等证件就认定其具有主体资格。有的企业因为连续两年不参加年检而已被工商部门吊销营业执照，若对此疏忽了，则很可能掉进不法分子设置的陷阱中。

◆ 注意分辨合同的形式

一般情况下，采购双方的合同必须以书面形式签订。而采用口头、信件或数据电文等形式订立的合同，必须签订确认书，同时双方要在确认书上盖章签字。另外，发生倒签合同的情况时，要在合同上标明合同背景。

知识加油站

倒签合同是指合作双方在合同签订生效前已经开始实际履行合同，而在合同履行过程中或在合同履行完毕后补签合同条款的现象。

◆ 注意合同中要有保密条款

一些企业在签订采购合同时，会要求双方对一些重要事项保密，如果只是口头承诺而未在合同中写明，则签订合同的双方就可以抵赖，随意外泄交易秘密或对方企业的商业机密。因此，在签订合同时要警惕没有保密条款的合同。

◆ 有的合同当事人具有撤销权

遇到有重大误解、显失公平或受欺诈、胁迫及乘人之危订立的合同时，利益受到威胁的一方要及时提出异议并更改合同，为确保万一，还可在合同中明确除斥期，方便日后对有问题的合同行使撤销权。一般来说，除斥期为合同生效后的一年以内。

◆ 注意分辨"定金"与"订金"

定金是债的一种担保方式，合同法规定当事人可依照《中华人民共和国担保法》约定一方向对方给付定金作为债权的担保。给付定金的一方履行债务后，定金应抵作价款或让收受方退还。给付定金的一方不履行约定债务的，无权要求返还定金。而收受定金的一方不履行约定债务的，应双倍返还定金。可见定金具有惩罚性，合同法称之为定金罚则。

订金在法律上被认定为预付款，不具有担保功能。它只是单方行为，交付订金的一方主张订金权利的，人民法院将不予支持。交付和收受订金的当事人一方不履行合同债务的，不发生丧失或双倍返还预付款的后果，订金只可作为损害赔偿金。

7.1.5 如何保证合同的履行

保证采购合同的顺利履行，就要做好合同的履约管理工作，加强履约管理办法。主要从如表7-2所示的几方面着手做好履约管理工作。

表 7-2 加强合同履约管理的办法

办法	做法
强化合同管理意识	合同管理的实现要求履行合同整个过程中各方积极配合，这需要企业中参与合同的每一位员工都具备合同管理观念，通过学习合同履约管理基础知识来强化合同履约管理意识，通过总结过去管理中的经验教训，努力营造全员重视合同管理的氛围，提高签订合同的风险防范能力
健全制度管理	企业要安排专业的合同履约人员负责相关合同资料的收集整理，对整个合同的进度进行跟进报告。在对合同履约管理制度的改进方面，力求不断完善健全，使其全面覆盖合同履约过程，为合同的顺利履行提供安全保障。必要时，合同管理人员将合同内部的重要部分对相关的实施部门作出解释说明，即建立合同交底制度
落实责任分解制度	在合同交底制度完善的前提下，将合同责任进行分解并落实到各个部门，明确其工作范围和职责，增强合同实施的秩序
注重合同管理的人才选拔	企业要选择知识储备扎实、责任心和学历能力较强的人才充实合同管理队伍，并重视对这些人才的培养，积极鼓励员工参与相关专业的培训，为合同顺利履行提供人才保障
建立信息档案管理制度	企业要对签订的全部合同进行分门别类，建立合同管理台账，跟踪合同进程及管理记录，有助于员工随时掌握合同的履行情况。当合同履行过程中出现问题时，可及时找准问题并解决。合同履行管理中的问题大多是法律方面的，专业性和技术性较强，企业应建立信息回报和反馈制度，对合同的双方进行有效监控，一旦发现违约现象就可立即终止合同，减小企业风险
付款与结算管理	付款结算是合同履行中的重要环节，财会部门应在审核合同条款后办理结算业务，按合同规定付款，及时催收到期欠款。未按合同条款履约的，财会部门有权拒绝付款，并及时向企业有关负责人报告。在付款结算完毕、合同履行结束后，合同双方要办理合同终止手续，避免日后发生纠纷

在实际监督合同的履行情况时，为了保证企业自身的利益，合同双方还可能签订《合同履行情况承诺书》。它在合同本身具有的约束力之外又加上一层保障，强制约定合同双方按照合同中的规定办事。那么，《合同履行情况承诺书》该怎么写呢？下面是某公司采购项目的合同履行情况书，如图7-4所示。

合同履行情况书

甲方：××公司   乙方：××公司

第一条　根据《中华人民共和国劳动法》以及与××省××市的地方法规不相抵触的本公司的规章制度，经双方平等自愿、协商一致后，签订本承诺书。

第二条　供货期限

自本承诺书签订之日起至采购企业结清所有采购款项为止。

第三条　采购款项的支付

对于××合同涉及的采购款项，采购方需要在_____时间之前付清所有款项的___%，然后在_____时间之前付清所有款项的___%，在_____时间之前付清全款。

第四条　履行供货和付款义务

对于××合同涉及的供货事项，供应商需在_____时间之前完成全部材料的___%的交货事宜，在_____时间之前完成所有材料的交货工作。

第五条　本承诺书在履行当中，甲、乙双方任何一方发生争议，本着互相协商的原则执行。若有不可解决的争议，均可向企业劳动争议调解的相关机构申请调解，也可向劳动争议仲裁委员会申请仲裁。

......

第九条　本承诺书未尽事宜，按国家有关规定执行。

第十条　本承诺书条款若与今后国家颁布的规定相抵触，以国家新规定为准。

第十一条　本承诺书依法订立，具有法律效力，甲乙双方必须严格履行。

第十二条　本承诺书一式两份，甲乙双方各执一份，有同等法律效力。

甲方：××公司   乙方：××公司

代表人（签章）：   代表人（盖章）：

日期：   日期：

图 7-4

7.2 五花八门的合同问题

合同签订过程中，或多或少会遇到一些不能单方面解决的问题，或者出现一些特殊情况导致合同需要变更、终止或撤销。对于这些问题，合同当事人都不能就着自己的想法随意解决，都需要按照一定的流程进行处理。

因此，为了保证合同的有效性与合法性，合同当事人需要了解一些常见问题的处理办法。

7.2.1 合同需要修改应该怎么处理

采购双方签订的合同需要做修改或补充时，标准的处理方法是：征得对方的同意，同时以书面形式提出修改或补充合同的建议。通常情况下，签订合同的双方要对前述合同进行修改或补充时，不得在原合同文本上直接修改或补充，而要另外签订补充协议或者变更合同。下面介绍的是一般合同的补充协议范本的内容，如图 7-5 所示。

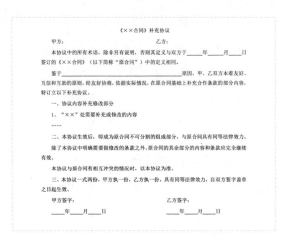

图 7-5

合同变更是对原合同内容进行协商另作不同约定，双方以变更后的合同确定有关交易内容和工作，原合同有关内容不再进行。当事人对合同变更的内容约定不明的，推定为未变更。下面介绍的是一般的采购合同变更协议范本的内容。如图 7-6 所示。

```
                    《××合同》变更协议
  合同编号：
  甲方（买方）：                乙方（卖方）：
  甲、乙双方在合同履行期内，因_____原因导致《××合同》
  的部分条款需要发生变更。经双方协商一致并同意后，对下列条款进行变更。
    一、协议内容需要变更的部分
    ……
    二、合同其他条款不变
    三、其他协定
  除了本协议中明确需要做出变更的条款之外，原合同的其余部分的内容和条款应完全继
  续有效。
  本协议与原合同有相互冲突的情况时，以本协议为准。
  本协议一式两份，甲、乙双方各执一份。
  甲方（签章）：                乙方（签章）：
  代表人：                    代表人：
  委托代理人：                委托代理人：
  经办人：                    经办人：
  日期：                      日期：
```

图 7-6

签订合同的当事人要注意，合同需要满足一定的条件才能进行变更操作，具体有如下一些条件。

原已存在有效的合同关系。合同变更是建立在原合同基础之上的，通过当事人双方协商或法律规定改变原合同关系的内容。所以，没有原合同关系就没有变更的对象，也就不存在合同变更这一事务。另外，即使存在原合同，但原合同不合法、无效或者被撤销时，原合同即失去法律约束力，就不存在合同关系，也就不存在合同变更事宜。

合同变更要征得合同双方的同意。合同变更必须依照当事人双方的约定或相关法律的规定，并通过法院判决或仲裁机构裁决才有效。任何一方不得采取欺诈、胁迫的方式欺骗或强制对方当事人变更合同。比如，《合同法》第五十四条规定，因重大误解订立的合同及订立时显失公平的合同，当事人一方有权请求人民法院或仲裁机构变更或撤销；一方以欺诈胁迫的手段或乘人之危，使对方在违背真实意思的情况下订立的合同，受损害方有权请求人民法院或仲裁机构变更或撤销。

变更合同必须遵守法定的方式。我国《合同法》第七十七条规定，当事人协商一致，可以变更合同。法律、行政法规规定变更合同应当办理批准、登记等手续的，依照其规定。变更协议一般与原合同形式一致，原合同为书面形式，变更协议也应采取书面形式；而原合同为口头形式的，变更协议可以采取口头形式，也可采取书面形式。

合同变更是内容发生变化。合同变更仅指合同内容发生变化，不包括合同主体的变更，变更后的合同关系要与原合同关系保持同一性。

7.2.2 解除合同应该如何操作

合同的解除是针对有效合同而言的，有的企业会称之为"取消合同"。签约双方在合同履行过程中，因出现了不能实现合同目的的是由，当事人可主张解除合同，消灭民事法律关系。那么，解除合同要如何操作才是合法的呢？

合法的解除合同必须符合法律规定的条件和程序，首先必须具备法定或约定的合同解除情形，根据《合同法》的规定，有以下情形之一的可解除合同。

- ◆ 因不可抗力致使不能实现合同目的。
- ◆ 在履行期限届满之前，合同当事人一方明确表示或以自己的行为表明不履行主要债务。
- ◆ 合同当事人一方延迟履行主要债务，经催告后在合理期限内仍未履行。
- ◆ 合同当事人一方延迟履行债务或有其他违约行为致使不能实现合同目的。
- ◆ 法律规定的其他情形。

合同当事人协商一致，可以解除合同。也可约定一方解除合同的条件，解除合同的条件成立后，当事人可解除合同。但是，当事人具备了合法的合同解除权后并不能想当然地自行解除合同，还必须依照法律规定的程序进行合同的解除。不同方式的解除会有不同的操作。

约定解除。合同双方协商一致，好合好散。这种方式的适用前提是，当事人事先在合同中对解除合同的使用情况和解除条件等做出了明确的约定。这种方式下，合同的解除没有什么实质性的程序。

单方解除（法定解除权）。当合同中的一方当事人存在根本性违约行为，造成签订合同的目的不能实现的，合同中的另一方当事人可行使法律赋予的合同解除权。该方式下，合同的解除有一定的程序，具体如图 7-7 所示。

通知对方

合同约定当事人一方解除合同应满足条件的，在满足条件时，提出解除合同的一方应通知对方当事人；发生法定情形而使某一方当事人享有解除权的，解除权人也应通知对方当事人。这两种情况下，合同从通知到达对方当事人的时候起解除。

↓

解决合同解除的异议

当事人一方解除合同的通知到达对方后，对方不同意解除合同的，可向法院起诉或依据仲裁协议向仲裁机构提出申请，请求确认解除合同的效力。

↓

办理批准和登记等手续

法律和行政法规规定了，解除合同应办理批准和登记等手续的，同时要按照特别程序的规定执行。比如，《中外合资经营企业法》规定，合营企业若发生严重亏损、一方不履行合同和章程规定的义务或不可抗力等，经合营企业各方协商同意后，要报请审查批准机构批准，并去国家工商行政管理部门进行登记，这样才可解除合同。不依法报请批准或未依法办理登记的，不发生解除合同的效力。

图 7-7

知识加油站

采购人员应明确合同撤销与合同解除的区别。合同撤销是针对可撤销合同而言的，合同被撤销，则成为无效合同；合同不被撤销，则仍为有效合同。合同撤销后就表明该合同从一开始涉及的内容都是无效的，撤销前已经履行的部分也归于无效，依照无效的法律后果进行处理，而合同解除前已经履行的部分视为有效。另外，合同的撤销必须由签约当事人向法院或仲裁机构申请处理，当事人不得自行协商处理，而合同解除可以由双方当事人协商自行解决，也可诉请法院或仲裁机构解决。

7.2.3 哪些情况意味着合约终止

合约终止是指合同当事人双方在合同关系建立后，因一定的法律事实出现，使得合同确立的权利义务关系消灭。那么，在实际交易过程中，哪些情况出现将意味着合约终止呢？有下列情形之一的，合同的权利义务终止。

- ◆ 债务已经按照合同的约定履行完毕。
- ◆ 合同解除。
- ◆ 债务相互抵销。
- ◆ 债务人（购买方）依法将标的物提存。
- ◆ 债权人（销售方）免除债务（免除债务人部分或全部债务的，合同部分或全部终止）。
- ◆ 债权债务同归于一人（但涉及第三人利益的除外）。
- ◆ 法律规定或当事人约定终止的其他情形。

采购人员要注意，合同终止与合同解除是不同的两个概念，其区别主要有 3 个方面，如图 7-8 所示。

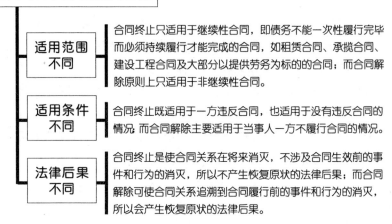

图 7-8

一般情况下，企业与合作方签订合同且双方履行完各自的义务后，合同就直接终止，不需要签订合同的双方再单独签订合同终止协议。如果有的采购物资有质保期，则质保期满后就表示对应的合同自动完成，双方相关约定就随之解除。

但有时，订立合同的双方当事人在终止合同时为了避免后期发生纠纷，也会签订一份合同终止协议，约定好相关事项，如图 7-9 所示的是一份简单的合同终止协议书范本。

终止合同协议书

甲方____与乙方____原于__年__月__日签订的合字第___号_____合同，现因_____使____方无法继续履行合同，经双方协商同意，该合同于___年__月___日予以终止，不再履行，且因合同所产生的一切责任和后果互不追究。

本协议由双方签字盖章后生效。协议书一式两份，由双方各执一份，具有同等的法律效力。

甲方：(盖章)   乙方：(盖章)

代表人：(盖章)   代表人：(盖章)

年　月　日   年　月　日

图 7-9

7.2.4 原材料价格疯涨，可以变更或解除合同吗

根据我国法律的规定，合同成立后，发生了当事人在订立合同时无法预见的、非不可抗力造成的不属于商业风险的重大变化，继续履行合同对于当事人一方明显不公平或不能实现合同目的，当事人请求人民法院变更或解除合同的，人民法院应根据公平原则，并结合案件的实际情况确定是否变更或解除合同。

2017 年 6 月 21 日，A 公司与 B 公司签订了一份原材料采购合同，约定由 B 公司向 A 公司提供某规格的原材料 2000 吨，单价为 585 元 / 吨，总货款为 117 万元，约定在 A 公司交货，2017 年 9 月底交清货款。

合同签订后，A 公司当即以 117 万元的银行承兑汇票向 B 公司交清了全部货款。2017 年 8 月 29 日，A 公司收到 B 公司发出的函一份，称所订合同因原材料价格大幅上涨，材料单价涨至 1245 元 / 吨。数次与 A 公司联系都没有得到回复。

合同期届满后，A 公司于 2017 年 10 月 8 日收到 B 公司送货 500 吨，同年 11 月 7 日再次收到 B 公司送货 300 吨，当月，A 公司亲自去 B 公司提货 800 吨。此后，B 公司未再供货。

2017 年 12 月 1 日，B 公司以 A 公司为被告向法院提出诉讼，以合同标的物价格大幅度上涨属于情势变更为由，请求变更或解除双方于 2017 年 6 月 21 日签订的合同。

本案例中，双方当事人签订采购合同后，在履行合同的过程中原材料价格上涨，且上涨幅度为 112.82%，属于价格疯涨情形。这种情形是 B 公司不可预见、不可避免也无法克服的，若按照原合同执行，对 B 公司来说显失公平，会给 B 公司招致极大的经济损失，所以 B 公司请求变更或解除原合同的请求能够得到法院的支持。

在具体的司法实践中，情势变更的类型很多，在确认时应采取具体问题具体分析的态度。若情势变更只是一般变化，对合同的成立和履行没有重大影响，则不认为是情势变更，也就不能变更或解除合同。

北京市 C 公司与 D 建筑公司签订了建筑材料采购合同，合同约定由 C 公司为 D 公司提供建筑材料，材料价款共计 1335 万元，按材料供货进度付款，材料供货完毕后结清款项。该价款的制定已对可能存在的建材价格变动风险进行了衡量，除因价格巨幅波动导致合同履行显失公平外，一般情况下不能再以建材涨价等理由进行合同价格调整或变更、撤销合同。

在 D 建筑公司施工期间，因建材价格自 8 月起持续上涨，于是 C 企业向其提出要求调整合同价款，但遭到 D 企业的拒绝。待建筑材料全部验收合格交付后，双方核算价款时，C 公司再次提出建材价格上涨因素，要求增加结算材料款项，D 企业以合同中的相关约定为由仍不同意 C 公司的请求。于是 C 公司起诉 D 公司支付合同约定材料尾款 522 万元，并增加支付因建筑材料涨价造成的价差款 54 万元。

案件审理期间，根据 C 公司的申请，法院委托鉴定机构进行鉴定，结论为本案建筑工程所用的建筑材料平均价格比原合同签订时上涨 4.04%。

所以，法院经审理认为：C、D 公司签订的合同有效，而 D 公司应支付材料尾款。对 C 公司诉称的施工期间因建筑材料价格持续上涨，造成材料成本增加，要求增加材料款的主张，因为双方签订合同时均已对可能存在的建材价格等合同风险进行了衡量，且建筑材料的上涨幅度经鉴定为 4.04%，未达到导致合同显失公平而必须调整的程度，属于应当预见或可能遇到的正常价差风险，所以，对 C 公司增加结算材料款项的主张不予支持。

遂判决 D 公司支付 C 公司材料尾款 522 万元，并驳回 C 公司的其他诉讼请求。

那么，如果双方当事人签订的是固定价格的采购合同，在履行合同期间材料价格大幅上涨，是否可以变更或撤销合同呢？

固定价格合同一般不因材料价格变化而调整，但如果约定的合同风险范围没有包括材料价格的市场变动，则在发生材料价格变化时，需要对合同进行调整。另外，固定价格合同即使包含了市场价格变动风险，但材料价格发生非正常的涨幅或跌幅，已经超过合理的波动范围，则也可调整原定合同的价格，变更或撤销合同。

7.2.5 使用后发现质量问题，可以拒付货款吗

依据《合同法》中的规定，材料物资采购合同履行过程中，由于供货方交付的材料货物存在严重质量缺陷，采购方可拒付货款，这是采购方履行义务过程中享有抗辩权的情形。

在实际处理采购质量问题时，需要分情况解决。具体介绍如下。

◆ 一般性采购质量问题

这种情况发生时，采购人员需向直接上级报告，但不用汇报至最高级领导，同时最好与供应商协商解决，可要求供应商降低材料单价，但如果拒不付款会影响双方的合作关系，且这种情况下因为不付款而与供应商决裂并不值得。

若质量问题不大，但涉及的数量较多且供应商不同意降低单价时，采购企业可要求供应商发出一批替代品，价值要与没有质量问题的原本材料一致或相近。而在这种处理方式下，采购企业要通过小量实验验证或审核替代品是否达到既定标准，是否改变既定成品的性能等。

◆ 严重性采购质量问题

比如，在经济、交货期或信誉等问题上造成采购质量问题，采购企业要先在本公司内进行通报，让员工们都了解具体情况，同时向上级汇报，逐层汇报到最高层管理人员处，由高层领导决定是否成立小组专门处理质量问题。处理时可估算经济损失，将直接损失和间接损失都进行统计，然后分析企业与供应商目前的关系。

如果本企业是供应商的核心客户，则向供应商提出拒付一定的货款的要求是很可能被采纳的，但全额拒付通常不被采纳。

如果本企业是供应商的边际客户，在拒付货款时会比较困难，因为供应商会想"你去告我吧，反正不能拒付，要是你向法院提起诉讼，我不与你合作就行了"这种时候一味地拒付货款会对采购企业自身不利，可协商拒付部分款项。

如果自己是供应商的盘剥对象，即供应商需要靠企业挣钱，那么此时供应商就会积极补偿企业，拒付部分货款是可能的。

遇到严重性采购质量问题，一般争取不走司法途径，因为很可能最终拒付的货款还没提起诉讼付出的钱多，这样就得不偿失了。

◆ 重大采购质量问题

这种情况发生时，就可能不仅要上报至最高领导人处，还需要通报给政府部门或相关监管部门，且需要第三方介入，比如对还未使用完的原材料进行封存，记录发生质量问题的成品、半成品或在库原材料。

对于重大采购质量问题，就不仅是拒付货款那么简单，大多数情况都需要通过诉讼来解决索赔问题。

管理合同，规避风险

企业在与合作商签订采购合同后，要做好合同的管理工作，避免遭受经营风险，给企业带来不必要的经济损失。而做好合同的管理工作最基本的方法就是明确签订合同的风险点以及合同中重要部分的写法和其他一些细节事项的处理。

7.3.1 合同都有哪些风险点

企业与供应商签订的采购合同，通常存在一些常见的风险点，简单来说就是合同中常见的陷阱问题。采购人员要保证企业的利益，就需要学会发现和处理合同中的风险点。

◆ 当事人的名称和住所

该风险点涉及的陷阱主要是合同主体资格问题，包括如下所述的 3 种情形。

①合同当事人是否是合法的权利主体，这不仅涉及当事人是否办理工商注册登记，还涉及是否具备协议执行资格，即是否具备执行协议主要目的的资格和是否具备对应行业资质。

②代理人是否有代理权限。

③合同另一方属于自然人的，还需关注自然人是否为本人等。

如果主体不符合相应资格，将导致合同无效或效力待定。解决的

策略是：在签订合同前，合作双方向对方提供相应的资质资格证照复印件及授权委托书。在正式签约前，合作双方可通过国家企业信用信息公示系统（http://www.gsxt.gov.cn/）查询资质资格证照等信息，确认真伪；也可在正式签约时，双方将资质资格证照复印件作为协议附件归档保管。

◆ 标的物

标的物的陷阱一般是利用当事人对产品不熟悉而将成套产品拆零，以达到多计价或少发货的目的；还可能是产品牌号或商标不清楚，规格、型号混淆或缺失；也可能将产品或材料以次充好，以低端材料代替高端材料。

防范处理策略是：签订合同前，了解清楚材料或产品的特性、出售方式以及产品规格、型号、品牌和生产厂家等。签订合同时，要求将材料或产品的主要特征在合同中写清楚，并将供货商报价材料等作为合同的附件妥善保管。

◆ 数量

针对这一风险点，主要有3种类型的陷阱，一是卖方笼统规定数量，如一车、一批、一箱或一套等；二是卖方不写合理损耗，或合理损耗写得太多，导致买方遭受损失；三是卖方对于裸装的材料或产品不写溢短装率（多装或少装的比率），而是根据市场行情决定多装还是少装。

针对第一种数量风险类型，采购企业和供应商的防范策略为：明确约定合同中的数量，用行业、国家或国际标准的计量方式，对供应商表述的一车、一箱等情形，再约定一车、一箱内所装的具体数量，或进行体积与重量等附加描述，以补充完善数量标准；对成套的材料或产品需约定清楚全套产品包含的组成部分，列出备件清单。

针对第二种数量风险类型，企业的防范策略为：了解材料或产品的特性，将合理损耗写清楚。针对第三种数量风险类型，其防范策略为：对相应的材料或产品在合同上写清楚溢短装率，防止卖家恶意多装或少装。

◆ 质量

其风险点主要是很多采购合同中不写具体的质量标准，或成套材料、产品不写备件的质量标准，甚至有凭样品买卖的不封存样品，这都会给采购企业带来质量风险。防范策略为：在采购合同中写明具体适用的国家和行业以及企业质量标准，成套材料或产品的主件和备件质量标准也都要写清楚，而凭样品买卖的材料或产品，一定要监督供应商封存样品。

除此之外，供应商将材料或产品的质量检验期间写得太短，导致采购企业收到材料或产品后根本没时间检验而被视为验收合格；又或者因仓促验货而没有时间发现质量问题等都会给采购企业带来风险。防范策略为：要求供应商在合同上写明合理的检验期限和保质期，以及保质期内质量问题的解决办法，如退货、修理或更换等。

◆ 价款

在签订采购合同时，如果采购方只写采购总价和支付期限，不写单价和支付方式，会导致供应商面临收款风险。防范策略为：供应商要求采购方在合同中约定单价和总价，约定支付方式是现金、电汇还是银行承兑汇票，是预付还是到付，是一次性付款还是分期付款等。

◆ 履行期限、地点和方式

有的供应商在采购合同中不写交货时间或交货时间约定不明，比如约定 × 月 × 日之前，× 月 × 日到 × 月 × 日之间等，导致采购方不能准时收货而延误商机。防范策略为：双方在合同中约定准确的交货期或交货日。

还有的供应商在采购合同中不写交货地点和方式，导致价格已包含运费却不向采购方提供运输服务，造成采购方的损失。防范策略为：督促供应商在合同中写清楚交货地点和方式，以及采购价格是否已包含运费，是自提、站到站还是门到门的交货方式。

◆ 违约责任

这是合同中最常见的风险，通常表现为有可能违约的一方当事人不写违约责任，或将违约责任规定得很小，导致其自身的违约成本低，进而可以随意违约。防范策略为：合同双方将违约责任进行明确规定，写清楚违约金的性质是兼具惩罚性和补偿性的，违约金要合理，不能过高，也不能太低。

◆ 解决争议的办法

在合同双方发生纠纷时，对方当事人选择有利于自己的争议解决方式和管辖地，这将不利于己方。防范策略为：合同中明确约定双方发生纠纷时是诉讼还是仲裁，并避免约定对自己不利的纠纷管辖地。

7.3.2 你知道合同盖章的讲究吗

一般来说，采购合同上加盖的是采购双方的合同章，但有时供应商会有特别的要求，让采购方加盖企业公章，这也是可以的。下面我们就来详细了解合同盖章的一些注意事项和讲究。

（1）盖章与签字，取其一时合同是否成立要视情况而定

有的合同当事人会误认为签订采购合同时既要签字还要盖章，这样合同才能成立，而事实上，《合同法》第三十二条规定：当事人采用合同书形式订立合同的，自双方当事人签字或盖章时起合同成立。

也就是说，当双方当事人签订采购合同时，只盖章或只签字，合同也能成立，两者可取其一。当然，既盖章又签字的合同肯定成立。但需要注意的是，当合同上只签字而没有盖章时，合同是否有效需要视情况而定。

①如果合同是由企业的委托代理人在其权限范围内或企业的法定代表人签的字，则只签字不盖章的合同是有效的。

②如果签字的委托代理人是在没有代理权、超越代理权或代理权终止后与对方企业签订合同，经过被代理人的追认后，所签合同才有效；未经追认的合同无效，此时会由签字的人承担民事责任。

（2）合同没有签字和盖章也可能成立

通常情况下，合同上必须要有签字和盖章中的一项或两项，合同才成立。但有一种特殊情况，没有签字也没有盖章但合同也已经成立，即双方当事人以合同书形式订立的合同已经履行了各自的义务，而仅仅是没有签字盖章，这样的情形下，合同也算是成立了。如果因为没有签字也没有盖章而认定合同不成立，则违背了双方当事人的真实意思，因为既然当事人已经履行了合同内容，所以合同当然是成立的，除非当事人的协议违背法律的强制性规定。

也就是说，没有签字也没有盖章的合同是否成立或有效，主要看合同是否已经履行，对于已经履行的合同，即使没有签字也没有盖章，合同也是已经成立了的，而还没有履行或者没有履行完毕的合同，如果没有签字也没有盖章，则合同不成立。

（3）合同一方当事人是个人的签字盖章问题

上述两大签字盖章问题主要针对的是合同双方当事人都为企业或

法律认可的其他组织的情况。当合同双方当事人中有个人时，签字盖章问题又该如何处理呢？

①双方当事人都是个人的，双方签字即合同成立。

②双方当事人中一方是个人，另一方是法人单位或法律认可的其他组织的，双方合同约定通过双方当事人签字的方式使合同成立，也符合法律的规定。个人一方签字即可，而法人单位或法律认可的其他组织的法定代表人和负责人签字即可使合同成立，法定代表人或负责人明确授权的代理人签字也可使合同成立。

③双方当事人中一方是个人，另一方是法人单位或法律认可的其他组织的，双方合同约定法人单位或法律认可的其他组织必须通过盖章的方式才能使合同成立的，法人单位一方应加盖公司的公章或已经在工商局备案的合同专用章，才可使合同成立。

采购结算，银货两讫

采购方需要根据采购合同中约定的付款期限和付款方式向供应商支付货款，无论是一手交钱一手交货，还是先交钱再提货，亦或者先交货再付款，最终都将进行采购结算，达到银货两讫的交易状态，只有这样，采购合同才算是真正完成并顺利终止。

结算前要先验收货物

实际采购活动中，难免会遇到采购的货物出现质量问题的情况，此时如果采购方不先验货就付款，很容易给自己造成损失，比如要求退货而遭到拒绝，要求补偿也遭到拒绝等。所以，为了防止这样的事情发生给企业带来不必要的经济损失，在支付并结清款项前要验货。

8.1.1 完成验收所需的各项准备工作

采购方在验收货物之前，需要明确验货的时间、地点、方式和采购双方的职责。

◆ 验货时间

采购方验货的时间关系到其何时能够开展验货工作，如果验货时间不准确，会导致一些具有特殊验货时效的采购项目无法在规定的时间内验货，这会给采购方增加采购风险。

比如，供应商 A 与采购方 B 于 2017 年 9 月 11 日签订采购合同，合同约定材料在 2017 年 9 月 22 日之前送达，同时约定验收货物的有效期为 10 天。如果供应商 A 在 22 日才将货物送达 B 公司，则离签订合同的 11 日已经有 12 天的时间，超过了验货有效期 10 天，而此时 B 公司只能在 22 日才发生验货行为。如果验出货物有问题，则由于超过验货有效期，可能在要求退货或换货时被 A 公司拒绝，那么，B 公司就会蒙受经济损失。

◆ 地点

采购方收货地点的确认也在一定程度上影响验货行为，通常采购方会在收货地点处当着供应商的面进行验货。由此看出，收货地点与验货地点有关联，在验货前，最好是在合同中明确规定收货地点。验货地点可选择产地验货，也可选择交货地验货，根据采购双方协商约定的结果选择合适的验货地点。

◆ 双方职责

采购双方在进行验货时，都有其自身的职责所在，具体工作职责如表 8-1 所示。

表 8-1 验货时双方的职责

当事人	职责
供应商	1. 严把材料或产品出厂质量关，对公司材料或产品质量及客户的投诉负责； 2. 负责采购方验货时的接待工作； 3 负责采购方的材料或产品满意度调查，做好品质历史档案； 4. 负责按《材料／产品包装标准》的单号对每批次出货的材料或产品不重复留样，并做好留样所属业务员及采购方标示记录； 5. 负责与销售部协调采购方的验货事宜； 6. 执行验货工作时应填写相应的质量记录，记录要真实清楚，不得随意涂改，建立健全质量原始记录和品质历史资料
采购方	1. 严格执行《材料／成品检验标准》和《材料／产品包装标准》，按生产批次对材料或成品进行检验和试验； 2. 负责供应商交货时的接待工作； 3. 负责协助采购材料或产品的检验与试验工作，对外购材料或产品的品质负责，做好供方品质档案； 4. 执行验货工作时应填写相应的质量记录，记录要真实清楚，不得随意涂改，建立健全质量原始记录和品质历史资料

◆ 方式

采购方对采购材料或产品有 3 种验货方式：自行检验、委托检验

和直接接受工厂出具的检验合格证明。

其中，自行检验是指由采购方自行负责检验工作，国内大部分采购活动都采用这种验货方式；委托检验是指由于采购双方距离太远或本身欠缺此项专业知识而委托公证行或某专门检验机构代检，国内部分特殊规格的采购项目和国外大部分采购活动均采用该验货方式。

8.1.2 明确验收要素，完成验收并进行结果处理

验收要素就是验收的具体内容，主要包括采购的数量、质量和交货手续。针对不同的验收要素，有不同的验收内容，具体如表8-2所示。

表 8-2　采购项目的验收要素

要素	验收内容
数量	1. 验收单上列示的批次供货数量是否符合合同规定的数量； 2. 当最后一批次的供货完成时，将所有批次的数量汇总，验收总量是否符合合同约定的数量
质量	1. 验收材料或产品的使用性能，即材料或产品在一定条件下，实现预定目的或规定用途的能力； 2. 验收材料或产品的安全性，即材料或产品在使用、储运和销售等过程中，保障人体健康和人身财产安全的能力； 3. 验收材料或产品的可靠性，即材料或产品在规定条件和时间内，完成规定功能的程度和能力，一般指功能效率、平均寿命、失效率、平均故障率和平均无故障工作时间等； 4. 验收材料或产品的可维修性，即材料或产品在出现问题或故障后，能迅速处理或维修以恢复其功能的能力，一般指平均修复时间； 5. 验收材料或产品的经济性，即材料或产品在设计、制造和使用等各方面所付出或消耗成本的程度以及获得经济利益的程度，一般指投入产出的效益能力
交货手续	1. 需要供应商提供材料或产品质量合格证明的，要验收其是否已取得质量合格证明； 2. 需要供应商提供材料或产品使用说明书的，要验收其是否已制作使用说明书，其他需要供应商办理的手续也要一一验收

对于采购量大或者采购的是生产设备的采购项目，采购方在验收完毕后，需要进行结果处理，并制作验收结果报告。而一些采购量较小或者采购的货物是小物件的采购项目，比如办公用笔、笔记本等，可自行决定是否制作验收报告，一般为了节省采购双方的时间，都不会制作。如图 8-1 所示的是采购验收报告范本。

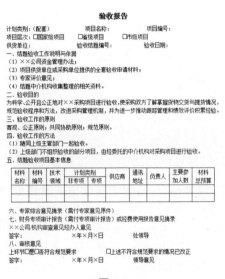

图 8-1

8.1.3 验收不合格，视具体情况进行处理

一般来说，当采购方验收材料货物时发现有材料货物不合格的，可按照如下所示的过程进行处理。

◆ **第一步**：验货员在"验货报告"中描述不合格的材料物资类型和不合格程度，同时在材料物资外包装上做"不合格"标识。

◆ **第二步**：采购方的仓管员将不合格材料或物资放置在不合格品区域，做好标识和记录，通知企业采购部。

◆ **第三步**：采购部得到仓储部的通知后联系供应商，协商解决。

◆ **第四步**：依照实际情况决定是否需要启动不合格品处理程序。若不需要启动，则由采购部和仓管部办理拒收或退货手续；若需要启动，则采购部提出申请，经质检部审签后，采购主管批准启动。

◆ **第五步**：以双方事先约定的标准作为处理依据，并在"采购申请单"上作详细说明，包括交货时间、检验标准和包装方式等。

◆ **第六步**：确定退回的采购材料或物资由仓管员清点整理后通知采购部，采购人员通知供应商到指定地点领取退货物品。不同的材料或物资会有不同的退货或索赔方式，这需要根据采购双方的约定来确定。

而在具体处理不合格材料物资时，采购员和仓管员需要视不同情况进行不同处理，具体处理办法可参考如表 8-3 所示的内容。

表 8-3　验收不合格的材料物资要视具体情况进行处理

情况	处理
不合格原辅料	1. 对于采购检验发现的不合格原辅料，质检人员在每个包装上都贴上红色的《不合格证》； 2. 仓储部门凭《原辅料检验报告单》和仓管员取下的《待验单》，将不合格原辅料隔离到规定的贮放区，树立红色的不合格牌； 3. 质检人员会同采购部、生产部、试验室及有关生产车间调查研究，签署意见，视具体情况分别处理，并出具《不合格原辅料处理报告单》，原稿一份留底作为处理依据，复印件分别发给采购部、仓储部、生产部和主要使用部门各一份； 4. 重大缺陷或对生产和质量可能造成重大影响的原辅料，做拒收处理，由采购部负责退货，对于不能退货而需要销毁的原辅料，由公司经营部的负责人或生产部负责人批准后，按《物料销毁程序》执行； 5. 有缺陷但可挑选使用的原辅料，质检人员协同有关部门进行挑选，挑选后的原辅料按原检验规定重新检验； 6. 可改换其他标准规格处理的，改换其他标准规格后，原辅料仍需按改换其他标准规格后的标准规定进行检验； 7. 不合格原辅料处理完毕后，质检人员负责填写《不合格原辅料处理报告单》中的"跟踪验证"项，并按处理结果及时执行

续表

情况	处理
不合格包装贴签材料	1. 对于采购检验发现的不合格包装及贴签的材料，质检人员在每个包装上都贴上红色《不合格证》； 2. 仓储部门凭不合格《包装材料检验报告单》和由仓管员取下的《待验牌》，将不合格包装及贴签的材料隔离到规定的贮放区，树立红色的不合格牌； 3. 质检人员会同采购部、生产部、试验室和有关生产车间调查研究，签署意见，视具体情况分别处理，并出具《不合格包装材料处理报告单》，原稿一份留底作为处理依据，复印件分别发给采购部、仓储部、生产部和主要使用部门各一份； 4. 重大缺陷或对生产和质量可能造成重大影响的包装及贴签不合格的材料，作拒收处理，由采购部负责退货，对于不能退货而需销毁的包装和贴签材料，由公司经营部负责人或生产部负责人批准后，按《物料销毁程序》执行； 5. 有缺陷但可挑选使用的，质检人员协同有关部门进行挑选，挑选后的包装及贴签材料按原检验规定重新检验； 6. 可改换其他标准规格处理的，改换其他标准规格后，包装及贴签材料仍需按改换其他标准规格后的标准规定检验； 7. 不合格包装及贴签的材料处理完毕后，质检人员负责填写《不合格包装材料处理报告单》中的"跟踪验证"项，并按处理结果及时执行； 8. 对于质检人员现场检查且能快速作出检验结论并实施退货的外包装和贴签材料，可在《包装材料检验报告单》中注明实收数量和退货数量，由供应商带回自己的公司，而验收入库的外包装和贴签材料即为合格物料

8.2
结算的必要事前准备

采购企业结算采购货款前，需要做好一系列的准备工作，比如确定最适合的结算方式，对账以及备齐票证等。而有些事前准备工作在签订采购合同时已经在合同中进行了约定，采购方与供货商只需按照

合同约定事项执行任务即可。

8.2.1 确定最适合的结算方式

企业结算采购货款时，方式有很多种，如支票结算、银行汇票结算、银行本票结算、汇兑结算及异地托收承付结算等。

（1）支票结算

该方式是指采购方根据其在银行的存款和透支限额开具支票，请求银行从其账户中支付一定款项给供应商，从而实现资金调拨，了结债权债务。支票结算中又有不同的结算方式，具体介绍如下。

现金支票结算。可签发给其他单位和个人用来办理结算或委托银行代为支付现金给供应商。

转账支票结算。采购方将转账支票交给供应商，通知其到采购方的开户银行办理转账结算。该方式主要用于同城支付结算业务，且只能用于转账。

定额支票结算。即支票票面金额是确定的，它不记名、不挂失，自银行签发后生效。该方式一般用于农副产品的款项支付。

（2）银行汇票结算

该方式是指采购方的开户行签发汇票，由采购方将汇票交给供应商，供应商凭借汇票到采购方的开户行提取货款。汇票可用于单位和个人各种款项的结算，可用于转账，也可用于支取现金。

当汇票超过付款期限而不能付款的，供应商必须在票据权利时效内向出票银行作出说明，并提供本人身份证和单位证明，持汇票和解讫通知书向出票银行请求付款或退款。

（3）银行本票结算

该方式是指采购方将款项交存银行，由银行签发本票，采购方在采购货物时将本票交给供应商，供应商凭本票到签发银行请求支付确定金额的货款。

银行本票结算的适用范围是：同一票据交换区域内，即本票可以使用的地理区域内的银行才会接受供应商的付款请求。本票可用于转账，也可用于支取现金，并且，无论个体或单位等是否在银行开户，他们之间在同城范围内发生的商品交易、劳务供应或其他款项结算等都可使用银行本票。

（4）汇兑结算

该方式是指采购方委托银行将其款项支付给供应商，其适用范围较广，单位和个人异地之间的各种款项的结算都可使用汇兑结算。

该方式下，采购方还可根据自身实际情况选择使用信汇还是电汇方式。信汇是指采购方委托银行通过邮寄方式将款项划给供应商；电汇是指采购方委托银行通过电讯手段将款项划给供应商。采购方委托银行办理信汇或电汇时，应向银行填制一式四联的信汇或一式三联的电汇凭证，加盖预留银行印鉴，并按要求详细填写收、付款人名称、账号、汇入地点、汇入行名称及汇款金额等。

对未在汇入银行开立存款账户的供应商，由汇出银行通知汇入银行，经核实汇款确未支付且款项收回的，可办理退汇。汇款解讫后可通过开立的"应解汇款及临时存款"账户，办理转账支付和以原供应商为收款人的转汇业务。

（5）异地托收承付结算

该方式是指供应商发货后委托银行向异地采购方收取货款，采购方根据合同核对单证或验货后，向银行承认付款。托收承付结算方式只适用于异地订有经济合同的商品交易及相关劳务款项的结算，代销、寄销和赊销商品涉及的款项，不得使用异地托收承付结算方式。

异地托收承付结算的款项划转方式有邮划和电划两种，因为电划比邮划速度快，所以供应商可根据自身对资金的需求缓急程度进行选择。相应地，异地承付也有两种方式，验单承付和验货承付，其解释如下。

◆ 验单承付是指采购方接到其开户银行转来的承付通知和相关凭证，并与合同核对相符后，就必须承认付款的结算方式。验单承付的承付期为3天，从采购方开户银行发出承付通知的次日起算，遇节假日顺延。

◆ 验货承付是指采购方除了验单外，还要等物料全部运达并验收入库后才承付货款的结算方式。验货承付的承付期为10天，从承运单位发出提货通知的次日起算，遇节假日顺延。

知识加油站

国际采购项目的货款结算方式有4种，分别是信用证、托收、汇付和银行保函。在国际贸易活动中，采购方和供应商需要两家银行作为买卖双方的保证人，代为收款交单，以银行信用代替商业信用，而银行使用的工具就是信用证。托收是出口人（供应商）在货物装运后，开具以进口方（采购方）为付款人的汇票，委托出口地银行通过采购方的进口地的分行或代理行代出口人收取货款的一种结算方式。汇付即汇款，是采购方通过银行，使用各种结算工具将货款汇给供应商的结算方式。银行保函是指银行答应委托人的申请而开立的有担保性质的书面承诺文件，一旦委托人未按其与受益人签订的合同约定偿还债务或履约时，由银行履行担保责任。

8.2.2 先对账，再付款结算

在企业采购部门中，员工可按工作性质的不同分为两大类，前期供应商开发（sourcing）和后期订单追踪（buyer）。sourcing 主要负责供应商的开发和管理，以及一些主要项目的采购谈判事宜；而 buyer 主要负责后续的订单追踪、订单异常处理以及对账和发票请款等工作。

在采购实务中，需要采购部门的 buyer 人员核对账目后，财务部门才会向供应商支付货款。而一般情况下，采购部门的 buyer 人员会编制一张《采购收货对账单》，核对无误后通知财务部向供应商打款。如图 8-2 所示的是一种最简单的《采购收货对账单》。

采购收货对账单

供应商：

下单日期	合同编号	物料名称	单位	单价	收货数量	金额（元）	收货日期	开票日期	发票号码	付款日期	已付货款	应付货款	备注

图 8-2

企业的采购业务很多，供应商信息也会很复杂，所以采购对账工作要由采购部门的专人负责。财务要求采购对账人员要保证入库单上的货物名称、数量及金额和发票上开具的货物名称、数量及金额是一致的。

财务部相关人员付款签字时，只是抽查采购部门传递到财务部的入库单和发票。在实际工作中，偶尔会发现两方信息对不上的情况，尤其是货物名称，这种情形主要是由于很多供应商都是找别人或税务机关代开发票，开票者并不了解货物的具体名称，所以就在开发票时将货物名称写成了其他货物的名称而造成的。

虽然发生这样的情况是有其原因的，但发生以后必须及时进行处

理，以保证入库单、发票和采购对账单上的货物名称一致。若不一致时，则先不要向供应商支付货款，而要检查、核对、修改并确认无误后再向供应商付款，结清采购款项。

8.2.3 备齐票证，高效结算

在实际采购业务中，企业会因为购货形式的不同而需要准备不同的票证，从而向供应商付清货款。比如下面所列举的3种采购形式。

◆ **现购（货到付款）：** 在结算时需要备齐的单据应包括《付款通知单》（如图8-3所示）、盖有财务专用章的对方收据或发票、签收的送货单以及订单合同。

◆ **预付款：** 在结算时需要备齐的单据应包括《付款通知单》、盖有财务专用章的对方收据或发票、业务合同复印件及订单合同。

◆ **月结方式付款：** 结算时要备齐的单据应包括《付款通知书》、签收送货单、《验收入库单》、《来料不良退货单》、收款单位的发票或收款收据、订单合同（采购部统一保管，财务部不定期检查）及月结对账单等。若单价变动，应附上经过审批的变价申请表（一份）给财务部备案，在报账时必须附上变价单。

付款通知单

××公司：
　　贵公司于__年__月__日与我司签订采购合同，合同编号为_____，订单编号为_____。所购材料已于__年__月__日全部送达贵公司，并验收入库，材料明细如下。

材料名称	数量	单位	单价	小计
总计				

　　请贵公司接到本通知后，按合同规定予以结算。若有特殊情况，望及时与我司财务部联系。电话：×××××，通讯地址：××省××市××区××路××。

　　　　　　　　　　　　　　　　签章：

　　　　　　　　　　　　　　　　日期：

图 8-3

除此之外，结算时还可能涉及其他票证单据，如图8-4所示的是《不合格来料退货单》，8-5所示的是《采购结算申请单》，8-6所示的是《采购结算请款单》。

不合格来料退货单

供货单位：　　　　日期：　　　□材料　　□工具　　□其他　　　编号：0926-A

名称	规格型号	单位	供货数量	验收					备注
				数量	单价(不含税)	金额	税率	税额	
合计									

会计：　　　　采购：　　　　检验：　　　　收货：

图 8-4

×××单位供应商结算申请单

厂商名称编码：　　　　　　　　　　　　　　　年　月　日

合作方式	□经销　□代销　□联营	账期：	本次结算时间范围	年　月　日至　年　月　日
结算金额	￥：　　　　元	大写合计：		

费用：销售返点
　　　配送返点
　　　陈列费用

备注：当库存商品金额大于结算金额时，按照_____%予以结算。每月16~18对账，28~30结账，遇节假日顺延。

图 8-5

××公司采购请款单

物料名称		请款人		所属部门		收款单位	
金额小写				采购单号			
金额大写							
请款概述							
请款人签字		审核			批准		
年　月　日		年　月　日			年　月　日		

图 8-6

上述这些表单没有统一标准的格式，企业可根据自身需求自行设计，但表单内包含的内容都大同小异。

为了切实提高采购结算效率，企业和供应商在日常经营过程中就

要养成良好的习惯，将业务涉及的任何凭证都保管好并分类整理，保证结算时可迅速拿出凭证对账。

8.3
结算工作最终需要落到实处

企业采购材料物资，在结算环节究竟需要做哪些工作，具体如何实施，过程中有哪些注意事项等问题，都将指导企业落实结算工作，及时向供应商支付货款。

8.3.1 付款审批要遵循流程要求

采购企业从对账开始，直至向供应商完成付款的过程一般涉及如图 8-7 所示的流程。

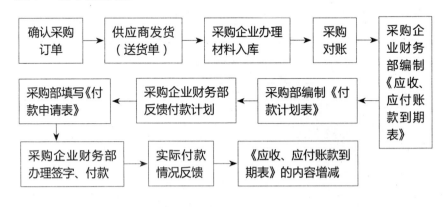

图 8-7

在采购业务付款流程中，会涉及付款的审批程序以及权限问题。具体内容如图 8-8 所示。

| 采购人员填写《付款通知单》，附上有关单据。 |

↓

审核整套单据并签字。审核时有权限区别，对于整套单据来说，有的只需经各采购部主管审核签字，有的需经会计复核，有的则需经财务主管审核，有的甚至需要经企业副总经理审批。

↓

领导没有特别交代，属于正常月结付款，单笔在 5 万元以内的单据可立即安排付款；单笔付款超过 5 万元的要报经总经理审批。除月结方式外的其他采购业务付款，不论金额大小，一律报总经理审批后方能执行付款。因出差等特殊情况导致领导不能及时审批签字的，应用短信或电话方式请示，同意后方可执行付款操作，并在《付款通知单》上注明，后续应由领导补签字。

图 8-8

不同的企业或供应商，其对采购业务付款的要求都不同。下面以 X 公司为例，介绍其采购业务付款的具体要求。

X 公司财务部根据自身的资金情况，每周五安排下周可付资金总额，并知会采购部。采购部根据《应收、应付账款到期表》和财务部提供的可支付额度，编制下周的《采购资金付款计划》，相关采购人员和采购部门主管要在付款计划表上签字，然后于每周六上午 12:00 之前将表报送财务部。

由于企业采购业务众多，付款方式各异，所以 X 公司制定了如下所示的采购业务付款要求。

1. 月结款的申请：采购人员要根据《应收、应付账款到期表》、《采购资金付款计划》和票据到企业的情况等，填写《付款申请单》，并详细写明收款单位的全称、行别、账号及付款形式，数字要清楚、字迹要工整且格式要统一，经采购部主管签字后（若主管不在，应电话知会，并在付款单上注明），于每天上午 10:00 之前送交财务部。然后由财务部办理审批与付款手续。若因各种原因导致货款不能支付或

不能全款支付，财务部应及时知会采购部。

2. 货到付款的申请：由采购人员通知仓库按送货单上列明的内容清点实物，确认相应的材料物资是否有请购计划，仓管员确认签字后将送货单移交采购部，采购部申请并填写《付款申请单》，按规定程序审批后予以付款。后续因质量问题等发生不良品的，应由采购部负责办理退货、补货或退款等手续。

3. 先预付款后到货的申请：采购人员应在《付款申请单》上注明货物什么时候到和什么地方收货；仓管部在《付款申请单》上签字确认是否是所需购进的材料物资；后续按规定程序审批后及时安排付款；由采购部负责跟踪到货入库情况，当材料物资出现数量和质量等问题时，应由采购部负责办理退货、补货或退款等手续。

4. 凡是企业后续与供应商尚未发生经济往来的，对供应商的前期货款的支付，采购部应填写《问题供应商处理评审表》，经采购人员和采购部主管签字后交给仓管部，在各部门确定库存材料物资的处理方式、清理不良品以及退货等问题的情况下，遵照程序审批并安排支付款项。款项支付完毕后如果出现问题造成损失，应由相关责任部门全额承担。

5. 财务部将每次汇款后的银行底单复印后交给采购经办人，然后负责更新《到期款表》，同时知会采购部采购人员。

8.3.2 现金采购方式下怎么付款

现金采购就是指付款时既没有使用支票，也没有使用转账方式，而是直接使用现钞支付完成采购任务的一种方式。它主要适合多数小额交易。虽然现金具有使用方便的特点，但现金采购存在明显的缺陷，主要有如下两个方面。

易受时间和空间限制。对于不在同一时间、同一地点进行的交易，无法采用现金采购方式完成交易。

不利于大宗交易。 大宗交易即涉及金额巨大的交易，如果使用现金作为支付手段，不仅携带不方便，而且会导致资金不安全。

现金采购要求采购人员具有高度的采购成本意识，不论是亲自到市场中买货还是供应商送货，都要尽全力降低价格。在整个现金采购过程中，采购员可参照如下所示的内容尽力做好现金采购工作。

①采购人员应在采购前准备好足够的备用金，同时准备好采购日记本、笔和申购单等采购必备品，或者编制好相关的采购明细表。

②采购人员采购前应先对市场中相应的材料物资行情做详细了解，并对所需采购的货品进行摸底查看，货比三家。

③采购人员应在同质的情况下，以及其他优惠条件下（比如可退货或可换货），以最适合的价格进行采购。

④采购人员应严格按照公司的有关规定和操作程序进行采购，相互监督，防止舞弊。

⑤采购人员应尽量满足使用部门的申购数量和特殊货品的特殊要求，以保证生产和营业所需。

⑥采购人员申领的采购现金要妥善保管，不能随意交由他人代管，没有用完的现金要及时退回给公司的财务部，不足的部分要及时向财务部申请并领受。

⑦为了规范现金使用行为，企业需要制定相应的现金采购标准，低于标准的采购金额用现金支付，高于标准的采购金额则用其他方式付款。这样可极大提高资金的安全性。

如图 8-9 所示的是一般情况下的现金采购流程，各企业可根据自

身实际情况进行相应调整。

生产部向仓管部提交生产所需的材料物资清单，仓管部清点库存，在库存不足的情况下向采购部提交《购货计划申请表》，交由仓管部主管审核。

↓

仓管部主管审核《购货计划申请表》通过后，将该表递交给采购部，由采购部审批购货计划，采购主管根据购货计划填写《现金申请表》并交给采购部经理审核。

↓

采购部经理或总监审核《现金申请表》后交给财务部审批，采购金额超过企业规定的标准时需交给总经理审批。

↓

财会人员中的出纳组根据《现金申请表》备款，采购主管和采购人员携款进行材料物资采购。若采购金额超过企业规定的标准，则由财务部派专人携款，协助采购部开展采购业务。

↓

采购部收货后打印收货详情报告和供应商拷贝件，签字后交给采购主管或财务携款人员。采购主管或财务携款人员凭订单、送货单、收货详情报告和供应商拷贝件等资料，与财务进行冲账。

图 8-9

8.3.3 预付款采购方式下怎么付款

预付款采购指采购企业先向供应商支付一定金额的货款，待材料物资到货入库后，再把剩余货款支付给供应商的一种方式。在众多采购活动中，有哪些情况是可能采用预付款采购方式的呢？如下所示。

◆ **工程类采购**：无论是大型工程还是小型工程，预付款必然存在。

◆ **产品的定制**：因为采购时很多是根据自己公司的需要定制材料或产品，所以很可能不符合常规要求，供应商是按采购企业的需求重新进行设计或生产，这个需要预付款达到资金支持效果。

◆ **供应商占主导地位**：企业采购的材料或产品在市场中出现得很少，甚至只在合作的供应商处才有，则供应商此时具有唯一性，为了与其他采购商形成购货优势，势必需要预付款。

◆ **采购金额比较大**：为了供应商和企业的交易安全，或者供应商考虑到企业的账期问题，因而要求企业预付款。

◆ **供应商与企业不在同一地区**：对于第一次合作的供应商来说，他们不放心在没有任何预付款的情况下就向采购企业发货，这样他们会承担货物送出但收不回货款的风险，所以需要预付款作为双方交易的"保证金"。

采购企业在采用预付款方式完成采购货款支付时，一般的流程如图 8-10 所示。

采购部相关人员相互协商，同时还要与供应商协商，了解其是否同意通过预付款采购方式收取货款。确定采用预付款采购形式后，将该决定以书面形式提交给采购部经理审核，采购部经理再递交给总经理审批。

↓

总经理审批通过后，采购部与供应商签订采购合同，确认采购订单，然后编制《预付款项申请表》，交由采购部经理审核，然后提交给财务部进行审核，财务部再提交给总经理审批。

↓

总经理审批通过后，通知财务部将预付账款支付给供应商。供应商在收到预付款后积极备货并出具相关发票，同时向采购企业发出《交货通知》。

↓

企业采购部接到供应商发来的《交货通知》后，安排接货事宜。待所有材料物资都验收入库后，向上级部门通知支付余款。

↓

采购部经理审核采购人员的支付余款通知，然后递交给财务部审核，财务部再递交给总经理审批。审批通过后，财务部负责向供应商支付余款，而采购部此时需要通知供应商确认收款。待供应商确认收款后，将相关发票交给采购企业的财务部，财务部做好会计记录。

图 8-10

8.3.4 跟着程序走，才能完成结算请款签单

结算请款签单一般是供应商向采购企业发出的通知单，目的是请求采购企业支付材料物资货款。如图8-11所示的是一般的结算请款单。

结算请款单

采购项目名称：××公司××材料采购业务

致：××生产有限公司

我方已完成你方的采购材料供货服务，按照合同约定，你方应在____天内向我方支付总货款的___%，剩余货款也要在__年_月_日之前结清。现向贵公司申请结算款，申请金额为：¥____元，大写金额为：_____。

项目负责人：   日期：
           （公章）

采购方采购人员意见：
       签名：   日期：

采购方采购负责人意见：
       签名：   日期：

采购方财务部意见：
       签名：   日期：

附件：

图 8-11

供应商需要按照一定的程序执行操作才能完成结算请款单的制作和发出。具体步骤如下。

◆ **第一步**：供应商的供应部门核对发运单、过磅单、运输发票、入库单及其他发票等票证，然后填写结算请款单，交由供应部的各级领导签审。

◆ **第二步**：供应商的供应部各级领导签审通过后，将结算请款单、发运单、过磅单、运输发票、入库单和其他发票等递交给采购企业的财务部，财务部的核算会计核对单据、结算请款单和原来的采购清单，再交由部门领导终审，通过后向供应商付款，同时核算会计登记入账。

CHAPTER
09

降低采购成本，提升采购专业能力

作为企业采购部门中的一员，采购人员不仅要做好日常采购工作，还要协助公司做好采购成本的控制工作，因此要提高自我采购能力。任何企业都喜欢能为公司省钱的采购人员，对于采购人员来说，提升采购能力，有效帮助企业控制采购成本，也会对自身的职业发展有较大帮助。

降低成本，就要先了解成本

本书的前面章节主要从采购人员日常工作的角度出发，介绍采购人员的基本工作内容，而本章涉及的采购成本控制问题则对采购人员的工作能力有了更高的要求。采购人员必须在做好日常基本工作的前提下，再发挥采购的专业能力，学习如何为企业降低采购成本，减轻经营负担。而帮助企业降低采购成本之前，采购人员首先要明确采购成本的实质。

9.1.1 采购成本的认识误区

采购成本一般包括购买价款、相关税费、运输费、装卸费、保险费及其他与采购材料物资相关的物流费用（包括采购订单费用和采购计划制定人员的管理费用）等。对于一般纳税人而言，采购成本不包含进项税额；但对于小规模纳税人而言，进项税额包含在采购成本中。

由于采购人员长期受到不正确说法的影响，导致其在认识采购成本时存在一些误区。具体有如下 3 种。

（1）认为成本就是价格，采购价格越低越好

很多企业的采购人员在考虑采购成本的多少时，习惯性地认为采购价款就是采购成本，即采购价格越低，企业付出的采购成本也就越低。其实不然，采购价款只是采购成本中的一部分，虽然占大部分，但还有其他费用会影响采购成本的高低，比如相关税费、运输费、装卸费、

保险费和其他采购人员发生的管理费用等。所以，"成本就是价格"的说法是不正确的。

另外，采购价格越低，越不能保证采购的材料物资的质量，对于采购企业来说究竟是利大于弊，还是弊大于利还无法判断，所以，"采购价格越低越好"的认识并不准确。

也就是说，要控制企业的采购成本，就要从采购成本的各个项目出发，综合考量各方面因素，达到采购成本合理化，而不能一味地追求采购成本最小化。

（2）采购成本管理就是谈判、压价

采购成本管理就是对采购成本进行控制的过程，它包含采购谈判和压价这一内容，但不能理解为"采购成本管理就是谈判、压价"。

采购成本管理的主要内容包括：采购的价值分析、供应价格分析、整体采购成本控制和寻找降低采购成本的方法等。谈判和压价只是降低采购成本的方法之一，相当于采购成本管理的"冰山一角"。采购成本管理不仅要求采购人员能针对采购任务进行采购成本分析，还要熟悉价值分析理论，能够进行供应价格分析。

价值分析。对所购材料物资在降低成本或提高产品价值方面起到的作用进行检查。企业需要的不是材料物资本身，而是其功能。成本不变时，功能提高，价值就提高；成本下降，功能不变，价值也会提高。

供应价格分析。作为采购方，采购人员不能一味地对供应商给出的供应价格进行压价，而要对供应价格进行深入分析。这样有利于进行采购成本管理。

整体采购成本。又称战略采购成本，是除采购成本之外考虑到原

材料或零部件在本企业产品的全部寿命周期过程中所发生的成本。也就是说，采购人员在进行采购成本管理时，不仅要考虑到眼前的采购成本，还要考虑到采购物料后可能会发生的其他属于采购成本的支出。

寻找降低采购成本的方法。这是采购成本管理工作中最重要的部分，只有找到合适的降低采购成本的方法，才能真正为企业控制好采购成本，做好采购成本管理工作。

（3）供应商的价格不明朗，企业只能货比三家

当企业合作的供应商没有给出确切的供应价格时，很多采购人员就会认为继续合作会导致采购成本无法控制，所以需要货比三家来选择合适的供应商。

而在实际采购业务中，如果与企业合作的是老供应商，即使其没有给出确切的供应价格，采购企业也能根据以往的成交价格和供应价格的变化趋势来推断供应商可能给出的供应价格，此时采购人员就可根据推断出来的供应价格做好采购成本计划，在采购成本预算范围内的，最好选择老供应商。因为开发新的供应商会耗费多余的资金，进而会增加采购成本。

9.1.2 易被忽视的采购成本

大多数采购人员甚至企业自身都将采购成本局限于采购价款，而忽略了其他一些属于采购成本的费用支出，比如集中采购机构的成本、采购人员付出的成本以及供应商投标成本等。

◆ 集中采购机构的成本

这主要是指从事政府采购活动所花费的资金与劳动付出，集中采

购机构的资金来源有两个渠道：财政性拨款和集中采购机构自身收入。集中采购机构成本主要体现在如表 9-1 所示的几个方面。

表 9-1　集中采购机构成本的内容

成本费用	内容
评委评标费用	以标的个数计费，不同的项目其每个标的费用不同。若企业请了外地评委，还要考虑差旅费、住宿费和招待费等
标书论证成本	当企业请了专家评论标书时，需要考虑聘请专家的费用、答疑成本和考察费用等
租用场地费用	有些地方的集中采购机构没有开标大厅或评标室，此时需要租用别人的场地开展采购招标或采购谈判活动，所以会涉及场地租用费
网站维护费用	有的企业采取网上招标的形式完成采购业务，此时会租用网络空间、进行域名注册和日常网站维护等工作，所以会涉及租用空间费用、域名注册费用、年度审核费用和相应的日常工作费用等
信息发布费用	当企业要对外进行招标采购时，需要发布相关采购信息，此时会涉及信息发布费，它主要是指在当地报纸、电台或电视台上发布诸如定点招标、协议供货招标信息或中标信息等
办公费用	主要有电话费、加班工资、福利费用和办公用品费用等

◆ 采购人员付出成本

由于采购企业专业技术人员缺乏，所以必须花费一定时间与精力去查询相关信息，聘请专业人士参谋提供采购的初步方案，甚至还要与潜在供应商进行接触。在不能确定供应商的具体情况时，采购人员还可能会组织相关人员外出考察，考察成本也是采购成本中的一项重要内容。

◆ 供应商投标／合作成本

根据投标／合作成本的性质可分为固定成本与非固定成本，其中，非固定成本主要指由于采购业务方式的不确定性、供应商考虑程度上的差异性以及规范操作理解上的误差等原因，直接导致供应商需要承

担的隐性供货成本，体现在标书购买方式、采购市场环境、履约合作顺畅程度、付款方式和整个采购系统工作效率等方面。而固定成本是指供应商按照事先约定交纳的一定费用，如公证费、中标服务费、场地租用费和项目预决算费用等。

如果采购企业忽视供应商为了采购活动而需要支付的成本，则很可能阻碍企业与供应商之间的合作。

9.2 降低成本，然后要分析成本

采购企业要想降低采购成本，除了认识采购成本外，还需要学会分析成本，判断哪些成本可以省，哪些成本不能省，从而更有效地控制企业的采购成本。而采购人员在分析成本时，要掌握一定的成本分析方法，下面就对这些成本分析法进行详细的介绍。

9.2.1 成本核算：成本分析的必要前提

要进行成本分析，首先需要核算或预算出采购成本。采购成本的核算是分析采购成本的基础，同时也是分析工作的数据来源。只有先核算出大概的采购成本，才能对采购成本进行分析，进而得出相应的结论，从而做出有效的措施来降低和控制采购成本。

虽然不同的公司在核算采购成本时可能会存在一些不同的操作步骤，但大致过程是一样的，都要根据采购计划预估采购成本，然后由专门的分析人员核算采购成本中的各项成本，具体过程如图9-1所示。

负责采购成本控制的主管或负责人根据公司采购成本管理相关制度的规定，编制《采购成本控制计划》，报采购部经理审核。采购人员在采购部经理的带领下开展物料采购工作。

采购成本分析专员核算采购订货成本，包括请购手续成本和往来沟通成本等；核算采购维持成本，包括资金成本、搬运成本、仓储成本和折旧等；核算采购缺货成本，包括安全存货成本、延期交货成本和失去供应商成本等；核算采购费用，包括人工费用和保险费用等。

采购成本分析专员对各项采购成本费用进行汇总，根据采购部经理的审核意见，编制《采购成本核算表》。

图 9-1

9.2.2 学会用 VA/VE 分析采购成本

VA/VE 法是企业采购管理工作中的一种常用方法，它属于价值分析法。运用该方法分析采购成本时，需要遵循一定的工作原则，具体有如下所示的一些。

◆ 分析问题要避免一般化和概念化，要作具体分析。

◆ 收集一切可用的成本资料，使用最好、最可靠的情报。

◆ 打破现有的条条框框，进行分析法的创新和提高，发挥真正的独创性。

◆ 找出分析过程中的障碍并克服。

◆ 充分利用有关专家，扩大采购人员的专业知识面。

◆ 对于重要的公差，要换算成加工费用来认真考虑。

◆ 尽量使用专业化工厂的现成物料或产品。

◆ 尽量采用各种标准采购法则，以"我是否这样花自己的钱"作为判断标准。

由于 VA/VE 法具有特殊性，所以有相对固定的应用领域，大体可应用在两大方面。

在工程建设和生产发展方面。大到可应用在对一项工程建设或一项成套技术项目的分析上，小到可应用于企业生产的每一件产品、每一部件或每一台设备中。另外，在原材料采购方面也可应用此法进行成本分析，具体要进行工程价值、产品价值、技术价值、设备价值、原材料价值、工艺价值、零件价值和工序价值等分析。

在组织经营管理方面。在价值工程、工程施工和产品生产中的经营管理可采用此分析法，比如对经营品种价值、施工方案的价值、质量价值、产品价值、管理方法价值和作业组织价值等进行分析。

采购人员在运用 VA/VE 法分析采购成本时，执行过程可围绕以下 7 个合乎逻辑程序的问题展开。

这些物料什么？这些物料用来做什么？它们的成本是多少？它们的价值是多少？有其他方法可以实现采购目的吗？新的采购方案的成本是多少？新的方案是否能满足企业的生产需求？

依次回答并解决这 7 个问题的过程，就是采购成本 VA/VE 分析法的执行步骤，即选定分析对象，收集情报资料，进行作用分析，提出改进方案，分析和评价方案，实施方案以及得出评价结果。

9.2.3 VA/VE 分析的具体应用

当采购企业采用 VA/VE 法分析采购成本时，首先要获取供应商报价原始数据，然后由采购成本分析专员对原始数据进行处理并得出相应结果。运用该分析法时会涉及到的公式如下。

$$Value = \frac{Function}{Cost} \implies Cost = \frac{Function}{Value}$$

Function 是"功能"的意思，Cost 是"成本"的意思，Value 是"价值"的意思。功能和成本有关，用功能除以成本就表示价值，也就是我们常说的性价比。通过对上述公式进行分析，采购人员就可对采购成本进行控制，从而得出降低采购成本的措施。

①如果控制采购物料的价值(V)不变,则可通过降低物料的功能(F)来降低物料的成本（C）；反之，提高物料的功能时，就必然会增加物料的成本。

②如果控制采购物料的功能不变，则降低物料成本就意味着需要提高物料的价值；反之，增加物料成本就意味着降低物料的价值。

③如果控制采购物料的成本不变，则降低物料功能的同时就会降低物料的价值；反之，提升物料的功能就相当于提高了物料的价值。

也就是说，企业要想降低采购成本，主要的方法有如下几种。

◆ 保持物料价值不变，降低物料的功能。

◆ 保持物料功能不变，提升物料的价值。

◆ 降低物料的功能，同时降低物料的价值（降低幅度小于功能）或提升物料的价值。

在实际采购业务中，采购企业经常会使用的方法是"保持物料功能不变，提升物料的价值"的方法，即要求供应商给出更低的价格但不更换物料或产品。在供应商确实无法降低采购价格时，采购企业就会使用"降低物料的功能，保持物料价值不变或提升物料价值"的方法，即让供应商提供替代物料或产品，且替代的物料或产品的采购价格比原合同约定的物料或产品的价格低。这两种方式是采购企业在控制采购成本时最常用的。

降低采购成本的一般方法

在上一小节的内容中，我们了解了比较专业的成本分析法 VA/VE，而在实际采购业务中，可能没有合适的专业人员进行专业的采购成本分析和控制，此时我们就需要掌握一些常用的、简单的方法来达到降低成本、控制成本的目的。

9.3.1 目标成本法降低采购成本

目标成本法是一种以市场为导向，对产品制造和生产服务过程进行利润计划和成本管理的方法。目的是在产品生命周期的研发及设计和原材料采购阶段设计好产品的成本，而不是试图在制造过程中降低成本或销售过程中来获取利润。

目标成本法对于企业采购而言，是通过预计未来销售市场的价格来确定当前原材料采购品的价格，这与传统的采购品定价是不同的。

传统：采购价格＝销售价格－利润

目标成本法：预计未来价格－目标利润＝采购价格＋制造成本

目标成本法的采购意义在于采购品价格的制定上。在给采购物料定价时，并不是一味地或没有目标地谈判、压价，而是运用科学原理核算出采购什么价位的物料、产品或配件，进而帮助企业获得利润。

比如，某冰箱制造商预计一台冰箱未来的价格为 3000 元，公司预计的利润为每台 800 元。因此，在冰箱制造过程中，可以确定每台冰箱的成本为 2200 元。如果再预计人工等其他费用要耗费 300 元，那么每台冰箱的原材料采购价只能在 1900 元之内。所以，采购冰箱原材料时，每台冰箱所要耗费的原材料定价不得超过 1900 元。

由此可看出，目标成本法对于采购企业而言，是有目标地进行定价采购，从而控制采购成本或者降低采购成本。目标成本法的运作步骤主要有如图 9-2 所示的 5 步。

预计成品未来市场的可能销售价格

未来市场价格具有不确定性，由于影响市场价格的因素众多，唯一的参照就是已经形成的历史价格。预计新产品上市后的价格高于现行价格是可以的，但未来价格不能预测过高。

↓

核算产品成型过程中的支出

产品成型需要经过加工过程，会发生设备使用支出、人工支出、辅助材料和直接材料的耗用等，这些都会计入产品的生产成本。

↓

表示出利润空间

企业经营的目的就是盈利，所以一个产品的开发必然涉及利润空间，在制造产品前就需要预设出企业想要达到的利润目标。

↓

核算出原材料采购成本控制范围

用预设的市场销售价格减去预设的利润目标，再减去产品制造过程中的支出，从而得出原材料采购成本的控制范围。

↓

将原材料采购成本控制在预设范围内

采购人员尽量将原材料采购成本控制在预设范围之内。

图 9-2

目标成本法具有主动性和前瞻性，可以让采购企业掌握主动权。

也就是说，采购人员在预设采购成本范围时，将范围的上限减小，就能降低采购成本。

9.3.2 集权采购降低采购成本

企业或单位的性质不同，集权采购的含义就会不同，主要区分一般意义上的集权采购和实际操作中的集权采购。

一般意义上的集权采购。在一些集团公司或政府部门，为了降低分散采购的选择风险和时间成本，除了一般性材料由分公司采购外，对于某些大型机电设备由公司本部负责集权采购。

实际操作中的集权采购。在实际操作中，总公司为了压缩分公司的采购主动权，防止分公司与供应商串通，会将所有的物料统一由总公司集中采购。

集权采购有五大优点，具体如表 9-2 所示。

表 9-2　集权采购的优点

优点	概述
降低采购费用	共同利用搬运工具和仓库等，进而减少费用
采购单价便宜	集中购买时供应商一般会提供价格优惠，使得物料的价格比一般市价便宜。同时，采购准备的时间和费用会减少，工作效率会提高
减少间接费用	物料采购所负担的间接费用包括订金、运输费、搬运费和质检费等，采购的数量越多，平摊到每一件物料的采购费就会减少
轻松实现大量采购	材料价格可随着采购批量的不同有很大变化，而集权采购可将多批次采购汇集成大量采购
降低采购价格	共同利用人力工资低的地区，或开工率不足的机器来制造产品，以进一步降低采购价格

运用集权采购方式降低采购成本时，有以下几种典型模式指导采购人员具体实施采购活动：集中定价、分开采购；集中订货、分开收货付款；集中订货、分开收货、集中付款以及集权采购后调拨等。具体采用哪种模式，取决于公司实际经营情况，而一个企业内可能同时存在几种集权采购模式。

◆ 集中定价、分开采购

采购企业在与供应商签订采购合同时，注明一次性定价，采购活动分批次进行。实际操作中，该模式运用较少，因为物料市场价格在不断变化，如果市价上涨，则该方式会影响供应商的盈利目标，但如果市价下降，又会影响采购企业的采购成本。所以该方式不受采购双方的青睐。

◆ 集中订货、分开收货付款

采购企业与供应商约定，一次性明确所购货物的数量和价格，但收货时分批次进行，相应地分批次支付货款。这种方式在实际操作中比较常用。对供应商来说，集中订货就能确定交货数量和物料价格，至于收货和付款是否一次性完成并不影响自己的收益；对采购企业来说，分开收货和付款可减轻经营压力，解决资金周转问题。

◆ 集中订货、分开收货、集中付款

集团总部或采购企业负责管理供应商和制定采购价格等采购政策，并负责采购订货工作。分支机构或仓管部提出采购申请，总部集团或企业采购部进行汇总、调整，并根据调整结果下达采购订单，将收货通知单发给分支机构或仓管部。分支机构或仓管部根据收货通知单或采购订单进行收货及材料入库。集团总部或企业采购部汇集分支机构或仓管部的入库单与外部供应商进行货款结算，并根据各分支机构或仓管部的入库单与分支机构或仓管部进行内部结算。

◆ 集权采购后调拨

集团总部或采购企业负责管理供应商和制定采购价格等采购政策，并负责采购订货工作，分支机构或仓管部提出采购申请，由集团总部或采购部进行汇总、调整，根据调整结果下达采购订单，完成后续的收货、入库和外部供应商货款结算处理。最后，集团总部或采购部根据各分支机构或仓管部的采购申请进行内部调拨工作，制定调拨单并做调拨出库，同时，分支机构或仓管部要根据调拨单做入库处理，最后再进行内部结算处理。

某集团是一家大型的国际采购公司，该公司有很多下属子公司，虽然有共同需求，但需求发生的时间段不同。每次集团需要做采购预算时，都需要提前了解并估计下属子公司的需求总量，然后与供应商签订采购协议。

比如，2016年向供应商承诺采购800万元的采购总额，以此来获得价格折扣和其他优惠条件。但由于集团集权采购没有得到有效实施，导致当子公司需求即将发生时没有上报给集团，各子公司打着集团的旗号各自向供应商采购。

因此，该集团内部各自争抢供应商资源，在内部大打价格战，使得供应商反而占据了交易的主导地位。相应地，原材料的采购价格比市价高出一个百分点。由于集团规模庞大，一个子公司多一个百分点，最终就导致集团的整个采购成本多付出了150多万元。

集团管理层认识到了问题的严重性，随即组织成立了虚拟的采购监控中心，负责统一协调采购事宜，将管理采购预算和采购谈判等工作收归集团中心，各子公司仅留有采购跟单的权利。一年过后（2017年），该集团原材料采购价格降低了一个百分点，为集团节约了将近200万元的采购成本。

但是，集权采购有一定的弊端。如果集权的"度"把握不好，就会引发集团或部门之间的利益矛盾，使得可以降低采购成本的方式反而成为增加采购成本的祸源。

9.3.3 招标采购降低采购成本

招标采购这一方式的主要目的就是节约采购成本，在具体实施过程中会分为 3 个关键阶段进行采购成本控制。

（1）招标准备阶段的成本控制

该阶段中，主要有 6 个方面可实施采购成本控制。具体介绍如表 9-3 所示。

表 9-3　招标准备阶段的采购成本控制

方面	操作解释
招标代理成本控制	确定采购项目是否需要委托代理，若不需要，则理所当然能节省出委托代理费用开支，也就降低了采购成本。从节约招标代理成本的角度入手，那些常规采购且技术标准统一规范的项目，可自行组织招标活动。因而，在选择招标组织形式时，采购人员努力做到以规避采购风险为前提，具备条件时发挥自行组织的能力，节约代理成本，进而降低招标采购成本
合理确定潜在投标人的资格条件	潜在投标人的资格条件设置是否合理，直接关系到项目的成本高低。这里的"合理"是指投标人的资质既能完全满足项目技术和供货要求，又不会高于项目实际需要的资质条件太多。尤其是在工程项目中，如果出现小项目合作了高资质的施工单位，则资质等级高的施工单位的管理费和人工成本费就会更高，造成项目不必要的开支浪费
合理确定采购项目控制价	追求性价比最高的物料、产品或服务是招标采购的目标，由于采购项目的预算都是按照各种成本和工艺难度等因素编制的，所以只有在一定成本预算基础上，物料或产品质量才能达到生产要求。因而，在实际招标中争取比预算价格少很多的中标价不是控制采购成本的目标，而需要企业制定合理的拦标价和上下浮动范围

续表

方面	操作解释
提高招标文件的编制质量	可减少招标文件反复修改的频率，在一定程度上可降低采购成本。因为招标文件是采购招标的核心，采购项目的所有需求与确定中标人的标准都反映在招标文件中，所以对招标文件的管控既是招标工作风险的控制重点，也是提高采购质量的重要手段。全面优化的招标文件，可使评分标准更有针对性和系统全面性，缩短招标文件的修改时间，提高编制效率，节省招标文件编制过程中的人工成本
减少废标发生率	招标准备阶段计划性越强，预算设置越合理，与投标人沟通越充分，就可减少废标率，从而提高采购效率，降低人工成本
合理划分标包	整合零星采购的同类物资，将几个标包整合成一个招标项目进行招标，扩大采购项目的招标范围，节约采购资源，降低采购成本

（2）招标实施阶段的成本控制

该阶段的成本控制主要分为两方面：价格成本和服务成本。

◆ 价格成本控制

第一，在货物采购或价格因素占主导地位的采购项目中，鼓励低价中标，在招标文件评分办法编制过程中，合理使用几种评审办法。在货物采购或价格因素占主导地位的项目中，重视最低评标价法和性价比法的使用，对于标准统一的定制商品或物料，要坚持使用最低评标价法，以价格作为主要因素确定中标供应商。

第二，引入品牌竞争。品牌竞争所产生的巨大资金节约空间是单一品牌采购无法实现的，它可让包括厂商在内的供应商都紧张起来，促进自由竞争和公平竞争，有利于采购企业节约采购资金。

◆ 服务成本控制

科学合理地设置服务要求，不能通过免费服务来限制供应商的自由竞争，这样无益于采购目标的实现，也难以实现节约采购支出的初衷，反而会增加采购成本。在对服务成本进行控制时，要列清免费服务项目的名称和具体时间，要在物料的寿命期内将可能发生的非免费服务计入采购成本。

（3）招标结束阶段的成本控制

招标结束后的成本控制主要表现在采购项目验收和使用中，虽然采购项目的工作已经实施完毕，但这个阶段的成本控制却对项目后期执行有重要影响。采购人员可在招标文件中，对关系到采购物资使用和验收等影响后期使用成本的内容进行多维度的约定。

比如，约定验收工作要以采购企业自行组织的验收方式为主；技术复杂的大型特殊采购项目可委托收费较低的国家认可的质检机构验收；对于技术复杂的设备，可约定供应商提供相关的培训和技术指导；对于确实因为物料质量问题和因供应商安装问题造成的人身伤害和财务损坏事故的赔偿，可在招标文件中说明由中标供应商承担。

🔋知识加油站

当前的市场，企业可利用互联网将生产信息、库存信息和采购系统连接在一起，实现实时订购。企业可根据需要订货，最大限度地降低库存，实现"零库存"管理，这样可减少资金占用和仓储成本，也可避免价格波动对产品的影响。要想通过按需采购降低采购成本，就要明确企业采购的年需求量和年采购额各为多少，因为这将关系到企业在与供应商议价时是否能得到较好的议价优势。

9.3.4 分类采购降低成本

该方法下，企业可根据物料的价值将其划分为三大类，这里我们

用甲、乙、丙表示，甲类物料价值最高，一般受到高度重视；乙类物料价值次之，受重视程度稍弱；丙类物料价值最低，仅进行例行控制管理。不同级别的物料采取不同的库存管理办法和采购形式。

◆ 甲类物料的管理和采购

企业对甲类物料应重点管理，严加控制，采取较小批量的定期订货方式，尽可能降低库存量。由于甲类物料的价值高，通常其每单位占用的资金较多，所以订购频率可以低一些，即前后两次订购业务之间的间隔时间可稍长一些，同时要进行精心管理。

对于价值最高的甲类物料，采购方式要采取询价比较采购或招标采购，这样能控制采购成本，保证采购质量。在采购前，采购人员要做好准备工作，进行市场调查，货比三家，对大宗材料和重要材料签订购销合同；材料入库前，必须通过计量验收，对材料的质量报告、规格、品种、质量和数量等认真验收合格后入库；最后进行货款结算、材料计划的检查与调整。

◆ 乙类物料的管理和采购

企业对乙类物料的重视程度弱于甲类物料，而对于批量不大的常用材料和专用物资，可采用定做或加工改制的订货渠道，主要是一些非标准产品或专用设备等。该类物料可采用定期订货或定量订货采购，虽然不需要像甲类物料那样进行精心管理，但其材料计划、采购、运输、保管和发放等环节的管理也要与甲类物料相同。

通常情况下，该类物料的采购方式可采取竞争性谈判，即采购企业直接与3家以上的供应商或生产厂家就采购事宜进行谈判，从中选出质量好且价格低的供应商或生产厂家，从而有效降低采购成本，做好采购成本的控制工作。

◆　丙类物料的管理和采购

丙类物料的价值是这 3 类物料中最低的，它一般指用量小且市场上可直接购买到的一些物料。这类物料占用资金少，属于辅助性材料，不经常使用，所以容易造成积压。

对于该类物料，企业可采用市场采购的进货渠道和定量订货的采购方式。采购人员必须严格按计划购买，不得因为价格低廉就盲目多购，在采购之前要认真进行市场调查，收集采购物料的质量和价格等市场信息，做到择优选购。而物料保管人员要加强保管与发放工作的执行力度，严格办理领用手续，实时掌控耗用情况，避免产生太多库存。

分类采购方式通过保证产品质量、降低材料消耗、杜绝浪费和减少库存积压来有效控制材料的质量，进而控制好采购成本。

9.4
降低成本的其他方法

企业开展采购业务时，除了可运用前述的一般方法来降低采购成本外，还有一些其他特殊方法可降低采购成本。具体介绍如下。

9.4.1　促进供应商之间的竞争

当采购企业处于主导地位时，即采购企业选供应商而不是供应商选企业。该情况下，供应商会尽最大可能满足采购企业的采购需求，尤其是采购价格方面。所以，要想供应商满足企业提出的采购价格要求，就要想办法将供应商置于"急需卖物料"的境地，有效措施就是促进

供应商之间的竞争。

当供应商之间形成竞争关系时，大家为了争取采购企业的合作权，都会尽可能满足采购企业的采购需求，包括价格。此时采购企业便可根据自身的采购预算给出预估的采购价格，能够以企业给出的采购价格卖出物料的供应商，便有可能与企业合作，这样企业就可有效降低采购成本。

如果供应商之间没有形成竞争关系，比如只有一个供应商有意愿与采购企业合作，则此时双方在进行采购价格协商时，企业就无法占据主导地位，因为供应商会想："我就是不降价，反正你方公司没有选择其他供应商的机会，你不买也得买。"这种情形就不利于采购企业降低采购成本。

那么，采购企业如何发挥自身的作用来促进供应商之间形成竞争关系呢？可参考如下一些手法。

①采用招标采购方式时邀请多家供应商参与竞标，当参与竞标的供应商较少时，比如一家或两家，可适当放宽采购标准，让更多的供应商有资格参加竞标。

②采用竞争性谈判方式进行采购时，可在同一时间段邀约两家或两家以上的供应商，并计划好与各供应商的谈判时间，最好能让供应商之间看到彼此，营造一种竞争环境。

③对每一位供应商的优势和劣势都要了如指掌，并且突出各供应商的优势，让各供应商觉得自己有实力与其他供应商竞争和较量。企业在平衡各供应商的优劣地位时，可突出优势不明显的供应商的优势，或突出优势很明显的供应商的劣势，这样处于劣势的供应商会更有合作的信心，而处于优势的供应商也不至于太骄傲、太自信。

9.4.2 对包装和运输进行优化

随着消费者对服务质量重视程度的提升，材料的包装和运输支出在很大程度上影响着企业的采购成本。如何对物料包装和运输进行优化，从而降低采购成本，成为了采购企业重点关注的问题。如图 9-3 所示的是一般包装运输成本优化思路。

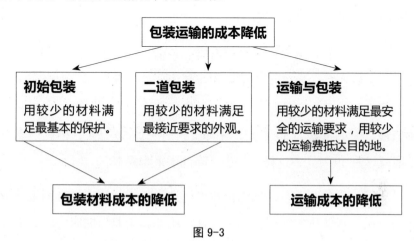

图 9-3

物料包装合理，则可耗费较少的包装材料，进而可降低包装材料的成本。而包装成本中通常还包括物料的回收费用、退购费用和因产品包装不适而重新包装的费用。因此，从一开始就做好材料包装和运输包装，可为后续工作节省很多不必要的费用开支，有效降低采购成本。

而要优化运输，达到降低采购成本的目的，就要考虑运输成本最优的物料或产品数量以及一定数量的物料或产品在运输装置中的最优排列。通过物料的尺寸、重量、外形和包装的限制条件等，计算出合理的运输排列方式，充分利用运输空间，在运输费用一定的情况下尽量多运输物料或产品。但这种处理方式不适合按重量计算运输费的情况，而比较适合按运输次数计算运输费的情况。

如果企业采购业务中约定运输费用按采购物资的重量计算，则采购企业无需太计较物资的内部排列（即空间利用率），而是要通过科学合理的规划，计算出每次运输的合理数量，进而找出降低运输成本的运输方式。

9.4.3 尽可能地延长付款时间

从经济学的角度考虑，货币有时间价值，即"现在的 1 元比以后的 1 元更值钱"。如果企业在采购业务中延长付款时间，则可变相地降低成本，其中的原理是：延后支付的货款比起立即支付的货款要更不值钱，比如货款为 50 万元，立即支付时它值 50 万元，但延后支付可能就只值 49 万元，这样，相当于降低了采购成本。

从另一个角度来看，采购企业可通过延长货款的支付时间来获取将资金用作其他投资的机会和可能性。比如，企业与供应商原计划在 2017 年 9 月 29 日支付材料货款 50 万元，但企业通过自己的努力促使供应商同意在 2017 年 10 月 31 日前支付货款都行。那么，企业就可利用好这一个月的时间，将原本用来支付材料货款的 50 万元资金用于其他投资，获取一定的投资收益，假设最终获得 800 元的收益。当 2017 年 10 月 31 日支付货款后，企业实际采购成本可看做是 49.92 万元。这也是变相降低采购成本的方法。

所以，延长付款时间对采购企业来说是可以实现降低采购成本这一目的的有效方法。

订单处理，缩短采购周期

严格意义上来讲，订单的条款主要依据合同条款而制定，合同条款约定订单条款的具体内容。采购订单是企业根据产品的用料计划、实际能力和相关因素所制定的切实可行的采购计划，在执行过程中要注意对订单进行跟踪，使企业能从采购环境中购买到所需的物资，同时可合理缩短采购周期，帮助采购人员顺利完成企业的采购工作。

订单处理能力要具备

从产生的角度看，存在采购合同才会存在采购订单，订单的条款是依据合同条款制定的，是合同生效和实施的载体。处理好订单就可为履行好采购合同提供保障，因此，采购人员要具备一定的订单处理能力，不仅要懂得如何制作订单，还要学会如何处理好各种类型的订单，以及学会如何保管订单。

10.1.1 懂得如何制作和发出订单

订单更多的是记载某一时间购进的一批材料物资，而合同约定的是产品质量、付款期限、售后服务和违约责任等双方权利和义务的内容。一般来说，合同的时效为合同约定期限内，如一年、两年或 5 年等，而订单的时效往往短于合同期限。

采购订单必须经过相关人员的核准，它是存货在采购业务中流动的起点，通过它可直接向供应商订货，并可查询采购订单的收货情况和订单执行状况。通过采购订单的关联跟踪，采购业务的处理过程可一目了然。

采购订单一般会表明如下内容：供应商、要订购的物料或服务名称、数量、价格、供货日期和供货条款以及支付条款等。除此之外，采购订单还能确定订购的物料是入库存放还是在收货时直接用于生产消耗。采购订单的样式会因为企业的不同而有差别，但任何实用的采购订单必须具备的要素包括头部、正文和尾部。

订单头部包括订单名称、订单编号、采供双方的企业名称、签订地点和签订时间；订单正文包括物料名称和规格、物料数量和质量条款、物料包装和价格条款、运输方式、支付条款、交料地点、检验条款、保险条款、违约责任条款、仲裁条款和不可抗力条款等；订单尾部包括订单份数、生效日期、签订人姓名和采供双方公司的公章。如图 10-1 所示的是一般的采购订单样式。

采购订单

企业名称：　　　　　　　　　　　　地址：
电　话：　　　　　　　　　　　　　传真：
供货商：　　　　　联络人：　　　　地址：
电　话：　　　　　订购日期：　　　传真：
产品名称：　　　　　　　　　　　　订单编号：

商品编号	规格	数量	单位	单价	总价	交货期

1.物料的质量要符合采购合同中约定的标准。
2.物料的包装要完好，如果是在运输过程中出现了包装损毁，由运输方自行承担损失。
3.本采购项目涉及的物料运输由供应商负责，具体使用哪种运输工具由供应商自行决定，发生的运输费由供应商承担。
4.供应商将物料运送至企业生产所在地，完成交货手续。
5.本次采购涉及的物料的检验、保险、违约责任、仲裁和不可抗力等问题的处理，参考相应的采购合同。
6.物料品质检验标准按 ISO 标准执行，若物料基本情况与合同约定的不符，则本厂拒收。
7.物料务必准时入库，违期造成的损失应由供应商承担，本厂有权取消订单。
8.供应商在收到本订单后的 3 日内进行回签盖章，否则视为同意本订单中的所有条款。
9.本采购订单一式两份，从订单发出之日起开始生效。

供应商签章：　　　　　　　　　　　买方签章：

图 10-1

采购订单的制作步骤大致分为 4 步：准备订单计划→评估订单需求→计算订单容量→制订订单计划。

◆　准备订单计划

该步骤中要做的工作包含 4 个方面：接受市场需求、接受生产需求、

准备订单环境资料和制作订单计划说明书，具体内容如表 10-1 所示。

表 10-1 准备订单计划的工作内容

工作	内容
接受市场需求	要想制定比较准确的订单计划，必须熟悉市场需求或市场销售情况
接受生产需求	生产需求即生产物料需求，而生产物料需求计划是订单计划的主要来源。编制物料需求计划时，要决定毛需求、净需求及计划订单下达日期和订单数量
准备订单环境资料	即准备供应商的供应信息资料，包括订单物料的供应商信息、订单比例信息（对于多家供应商供货，每个供应商分摊的下单比例）、最小包装信息和订单周期等
制作订单计划说明书	即准备好订单计划所需的资料，包括订单计划说明书（物料名称、需求数量和到货日期等）和附件（市场需求计划、生产需求计划和订单环境资料等）

◆ 评估订单需求

企业只有准确地评估订单需求，才能为计算订单容量提供参考依据，以便制定出好的订单计划。评估订单需求的操作有如图 10-2 所示。

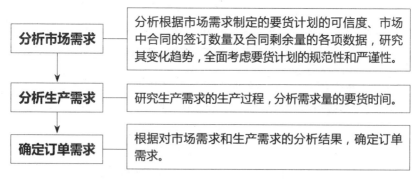

图 10-2

◆ 计算订单容量

采购人员只有准确计算订单容量，才能对比需求和容量，经过综合平衡后制定出正确的订单计划。根据订单需求、订单信息和对采购环境的要求，可按照如图 10-3 所示的步骤完成订单容量的计算。

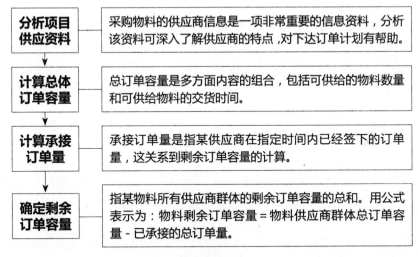

分析项目供应资料	采购物料的供应商信息是一项非常重要的信息资料，分析该资料可深入了解供应商的特点，对下达订单计划有帮助。
计算总体订单容量	总订单容量是多方面内容的组合，包括可供给的物料数量和可供给物料的交货时间。
计算承接订单量	承接订单量是指某供应商在指定时间内已经签下的订单量，这关系到剩余订单容量的计算。
确定剩余订单容量	指某物料所有供应商群体的剩余订单容量的总和。用公式表示为：物料剩余订单容量 = 物料供应商群体总订单容量 - 已承接的总订单量。

图 10-3

◆ 制订订单计划

这是采购订单制作步骤中的最后一步，也是最重要的一环节。在计算出订单需求和订单容量的情况下，采购人员可按照如下所示的步骤完成采购订单的制作。

首先，对比需求与容量。只有比较出需求和容量的关系，才能灵活地制定采购订单。若经过对比发现需求小于容量，即无论需求多大，容量总能满足需求，则企业要根据物料需求来制定采购订单；若容量小于需求，则企业要根据容量制定物料需求计划，进而制定采购订单。

其次，综合平衡。综合考虑市场、生产和订单容量等要素，分析物料订单需求的可行性，必要时调整订单计划，计算容量不能满足的剩余订单容量。

然后，确定余量认证计划。在对比需求与容量时，若容量小于需求就会产生剩余需求，而采购人员要将剩余需求提交给认证计划制定

者处理，并确定能否按物料需求规定的时间和数量完成交货。为了保证物料及时供应，可简化认证程序。

最后，制定出采购订单。 一份订单包含下单数量和下单时间，下单数量＝生产需求量－计划入库量－现有库存量＋安全库存量。下单时间＝要求到货时间－认证周期－订单周期－缓冲时间。

采购人员编制好采购订单后，要及时将其交由相关采购主管审批，而大型采购项目还需要经过评审程序，再由总经理审批。采购人员将审批通过的采购订单发送给供应商，而后还要将订单发送到本企业的财务部和质检部。

10.1.2 小额订单的具体处理

小额订单是指涉及的物料金额不大或数量不多的采购订单，在实际采购业务中，小额订单不容易被供应商接受，因为完成一笔小额订单可能付出的成本会高于订单本身的价值，或者略低于订单本身的价值，这样一来，供应商无法实现盈利目的。

因此，采购人员在处理小额订单时更要注意方法，减少完成订单所要付出的额外费用。实际操作中，对小额订单的处理有以下几种方法。

（1）省去订单制作和发出流程——电话采购

小额订单如果按照常规的采购流程进行制定和发出，会耗费过多的额外资源，变相增加采购成本，所以，在处理小额订单时，可考虑省去订单的制作和发出过程。具体做法就是进行电话采购。

电话采购是指企业采购人员直接通过电话向供应商订货，节省制作订单的实物成本和人工成本。该方法可使采购人员向供应商明确表达采购需求，双方沟通会更加清晰化，有利于采购业务的顺利进行。但该方法也存在弊端，很多企业利用电话采购的方式，不按规定开具增值税发票，进而偷税、漏税。

（2）简化订单制作和发出流程——传真或发电子邮件

在实际采购业务中，企业之间通常以纸质采购订单来指导采购行为。但为了提高采购业务的开展效率，企业可变通采购订单的形式，以传真或电子邮件的形式向供应商发送采购订单。

传真。采购人员制作出电子版采购订单后，打印出一份纸质采购订单，然后将纸质采购订单（或复印件）直接通过传真机传真给供应商，这就无需人为递送采购订单，节约了人工成本。

电子邮件。采购人员可借助各种邮箱，直接将电子版的采购订单以电子邮件的形式发送给供应商。该方法不仅节约了人工成本和实物成本，还能让供应商快速确认订单情况，与电话采购的作用类似。

但通过传真或电子邮件发送采购订单都需要在计算机中录入订购信息，这会增加数据录入错误的可能性，进而影响后续操作，可能造成反复修改和确认订单的问题，无法切实节省采购成本。

（3）其他处理办法——采购卡作为订单

在处理小额订单时，还有一些其他特殊的方法可供采购人员使用，比如利用采购卡代替订单，完成采购业务。

采购卡是企业采购部门向原材料供应商发出的采购订单。采购卡的使用可有效降低采购成本，它免除了提交采购订单这一程序，企业可直接向供应商订货，并利用采购卡支付货款。

一般来说，采购卡的本质类似于银行卡或信用卡。供应商接收采购卡后，可凭借采购卡向卡片发行方要求支付货款。采购卡一般用于采购低价值的、没有库存的物料或产品。

10.1.3 紧急订单的处理方法

采购人员通过对紧急订单处理过程的控制，可充分调动现有资源转化到产品生产的各个环节，以实现紧急订单如期完成。要想处理好紧急订单，先来了解为什么会出现紧急订单。

出现紧急订单的原因有很多，比如，存货管理失误（库存数量虽充足，但品质有瑕疵，无法使用，导致需要临时采购）、生产计划不当（销售预测发生偏差，生产计划不准确，导致紧急请购的情况出现）以及错失采购时机等。

针对紧急订单产生的各种原因，采购人员处理紧急订单时可从预防和解决两方面着手。

（1）预防产生紧急订单

该处理方式要求企业做好存货管制和生产计划工作，并正确掌握请购和采购时机，避免负担产销上的额外成本。按照正确的采购流程执行采购工作，可有效防止紧急订单的出现。具体做法有如下一些。

◆ 根据企业自身的安全库存量、现有库存量和需求总量等，计划出合理且准确的采购总量。

◆ 生产部门制定的生产计划要准确，向采购部门请购物料时要明确物资类型、规格、数量甚至是单价，杜绝反复修改请购物料的信息。

◆ 事先做好订单年度分析工作，预测年度订单的需求波动和稳定性，从而预测订单需求量的大致范围。

（2）紧急订单产生后的解决办法

很多时候，紧急订单的产生是没有办法事先预防的。采购人员要学会在紧急订单出现时及时做出应对措施，可参考如下一些办法。

①向地理位置最近的生产厂家或贸易商进行采购，但该方法的实施前提是要对周边的供货市场有一定了解，对生产厂家和贸易商也要进行充分的考察，确认没有问题后再实施该办法。

②迅速找到供应商，协商出最快的生产方案或运输方式。

③要主动定期与供应商沟通，确定生产用基本物料需求量，优先采购紧急订单所需的原材料。

④企业和供应商都应各自制定一套"紧急订单处理流程"，为紧急订单的发生提供有力的行事参考标准。如以下案例中列举的是某企业制定的紧急订单处理流程。

××企业紧急订单流程控制程序

一、业务助理收到客户的紧急订单后，一小时内将客户订单转化为《紧急订单评审记录表》，同时将《紧急订单评审记录表》亲自交给技术部。

二、技术部收到《紧急订单评审记录表》后，0.5 小时内处理完成技术评定，需要更新物料信息的，在一小时内出具临时物料信息文件，并亲自将该文件与《紧急订单评审记录表》一起交给 PMC（生产物料控制）。

三、PMC 收到《紧急订单评审记录表》后，在 0.5 小时内完成材

料需求预算，备齐订单中明确的材料，然后将《紧急订单评审记录表》和技术部配备的资料一并交给生产部。

1、对材料欠缺需要采购的，要求采购在 0.5 小时内回复客户具体的材料到货日期。当材料到货日期能满足客户要求的期限时，PMC 将《紧急订单评审记录表》和技术部配备的资料交给生产部。

2、对物料到货日期不能满足客户要求期限时，由采购人员组织，相关评审人员参与，共同召开紧急订单评审问题处理方案会议，商议解决；若无法及时组织会议，需上报总经理办公室进行协调处理。

四、生产部门收到《紧急订单评审记录表》后，在 0.5 小时内回复客户具体的生产交期达成情况。若能满足客户的交期要求，则由生产部门将评审后的《紧急订单评审记录表》交给业务助理；若不能满足客户的交期要求，则由生产部门组织，相关评审人员参与，共同召开临时会议商议解决；若还是不能商议出解决办法，则需要上报总经理办公室进行协调处理。

五、紧急订单评审完成后，业务助理在 0.5 小时内必须将完成评审的《紧急订单评审记录表》分发到本企业的相关部门。

六、生产部门在接到《紧急订单评审记录表》后，生产文员第一时间制作紧急订单生产通知单，并在 0.5 小时内下发到各生产小组。

七、仓库在接到《紧急订单评审记录表》后，第一时间将所需物料准备好，并通知发货，同时通知客户注意收货。

10.1.4 订单需要传递和归档

加强企业订单管理工作，不仅是企业强化基础管理、提高市场竞争力及维护自身权益的客观要求，也是企业经济发展的一项重要任务。采购订单的管理不仅包括订单的归档保存，还包括订单的传递。

一般来说，采购订单原件要发往供应商处，副本则根据不同部门的需要进行分送，一份由采购部门保管（留底查看），一份上交审批（确认同意实施采购），一份传递至仓储部（作为验收货物的依据），一份递交财务部（作为支付货款的依据）。

由于各种原因，有的企业订单工作还处于起步阶段，而订单材料就存在不齐全，管理不规范，归档无序的情况，这都会给企业自身经营留下隐患。

采购订单是开展物料采购业务的凭证，是实施生产计划的前提。它从采购方传递到供应方，双方都需要各自保管一份采购订单，作为以后采购方支付货款和供应方收取货款的证明文件。除此之外，采供双方要明确采购订单的归档范围，这样才能做好订单管理工作。

将订单进行归档的依据是：在企业订单发挥其作用后是否具有长远保存和继续使用的价值。能够列入订单归档范围的订单文件必须同时满足下列 3 个条件。

◆ 是在本企业生产经营活动中形成的订单。

◆ 是在当前或一定时期内具有长远保存或继续使用价值的订单。

◆ 是对本企业具有长远历史查考价值的订单。

订单作为企业的历史记录，其管理水平的高低直接影响订单价值的实现程度。现在很多企业的订单管理意识薄弱，工作混乱，不仅资料丢失和破损现象严重，而且分类不清、保管期限不明、到期订单未及时鉴定销毁、装订不牢固以及积存多年的订单出现霉变、生虫和鼠咬等安全隐患。那么，企业要如何保管归档采购订单呢？

①在采购订单签订时就要确定其归档时间，通常情况下，在采购任务结束后，采购人员应在 30 日内将采购订单交给采购资料管理员进行归档整理。

②要对采购订单进行分类，可按价格、订单生效时间、物料品种甚至物料规格等分类。订单分类工作完成后，要将同一类订单放置在同一处，比如放在同一个文件夹中，而不同类的订单自然就放在不同的文件夹中，同时标明文件夹的名称和内部采购订单的日期范围。

③订单管理人员要加强对订单档案的登记和监督工作，要以原始记录为依据，编制订单统计清单。同时，严格按照档案管理标准对不同性质的采购订单进行归档管理，比如，企业内部一般的采购订单至少保存两年，而一些重要的采购订单的保管期限从采购任务结束后起至少保存 5 年，期满后有历史查考价值的还需继续保存。

④订单管理人员在对订单进行归档时，应根据实际需要编制订单检索工具，以便日后查找、利用订单。可通过给采购订单编码，同时借助《采购资料归档目录》来达到检索的目的。

⑤订单的管理要专人负责，并且要为订单选择一个安全存储地，防止有心之人偷盗订单以谋取私利。

10.2
如何有效缩短采购周期

采购周期指采购方决定订货并下订单，到供应商发运货物的整个周期时间。简单地说，就是采购方具有规律性的两次采购活动的间隔天数，通常以平均采购间隔天数表示。该周期中涉及的业务环节有采购方决定订货并下订单，供应商确认并处理订单，供应商制订生产计划，物料质量检验以及供应商发运物料。所以，要想缩短采购周期，可从这些环节入手，减少相应环节的时间。

10.2.1　用准时交货率控制采购周期

准时交货率是企业在一定时间内准时交货的次数占其总交货次数的百分比，供应商准时交货率低，说明其协作配套的生产能力达不到要求，或是生产过程的组织管理跟不上供应链运行的要求；供应商准时交货率高，说明其生产能力强，生产管理水平高。

因此，从另一个角度来看，准时交货率就是指企业在一段时间内，准时交付的订单数量和订单总数的比值，通常按月计算，公式如下。

准时交货率 = 当月到期时已准时交付的订单数 ÷ 当月订单总数 × 100%

采供双方如何确定供应商是否准时交货呢？可参考如下方法。

- ◆ 根据原来约定的交货期，供应商生产系统及时完成物料生产，做好向采购方交货的一切准备，期间没有因为自身原因而要求变动交货日期的按时交货行为。
- ◆ 若应采购方要求变化，则以承诺的最新交货期为准，只要在最新交货期前完成交货也属于准时交货。

供应商的准时交货率越高，就越能保证采购方在预定的时间内完成采购，从而控制好采购周期。因此，缩短采购周期的具体做法有如下一些。

①若供应商是自己生产物料，则采购方可时刻跟进其生产进度，适时地催促供应商加快生产速度。

②若供应商是从其他生产厂家处购入物料再转手卖给采购方，则采购方可跟进供应商的采购进度，在合适的时间催促其加快进货速度。

③给予供应商一定的好处，鼓励其准时交货甚至提前交货。

④在采购合同中加大对逾期交货的惩罚力度，制定稍高的违约金条款，让供应商不敢逾期交货。

⑤对于经常不按时交货的供应商，采购方可考虑终止日后的合作，换成交货信誉更高的供应商。

10.2.2 缩短采购周期从缩短订单处理周期开始

在整个采购周期中，订单处理周期包括采购方决定订货并下单、供应商确认并处理订单以及供应商制订生产计划的时间段。要缩短采购周期，可先缩短订单处理周期，具体做法有如下一些。

快速制定采购订单。采购方优化采购订单形成的流程，针对采购计划的制定、计划的审批、订单的评审和订单的下达等工作，确定准确的时间，所有工作的实施都要控制在预估时间内。

先电话通知再下订单。采购方向供应商下订单只是一个形式，为了缩短采购周期，采购方可先通过电话向供应商表达采购意愿，同时让供应商开始生产物料，然后再在生产过程中向供应商递交采购订单。这样就省去了等待供应商确认订单后再生产的时间。

订单电子化。纸质订单的处理时间一般比电子版订单的处理时间长，采购方以向供应商传递电子版订单的方式表达采购意愿和采购要求，会使供应商及时收到订单需求，从而快速做出生产或采购的决定。

高效确认订单。采购方应督促供应商在收到采购订单后，及时确认订单，简化各种审批流程，高效完成订单的确认工作，并及时通知采购方订单已确认，同时快速投入到物料的生产或采购工作中。

尽早做出生产计划。供应商只有尽早做出生产计划，才能快速投入到物料的生产工作中，从而尽早将物料交付给采购方，真正结束采购业务，缩短采购周期。因此，采购方可提醒供应商尽快做出生产计划，以实现缩短采购周期的目的。

10.2.3 信息共享，缩短周期

为了提高采购效率，缩短采购周期，采购企业可将本企业的资源管理系统生成的原材料库存信息制作成电子信息，通过信息共享平台输送给供应商，从而使供应商及时处理采购企业的采购订单，甚至主动为采购企业制定采购订单。而采购企业与供应商之间建立的信息共享平台需要具备如表 10-2 所示一些基本功能。

表 10-2　信息共享平台应具备的功能

功能	说明
权限管理	采购方和供应商可根据内部不同的岗位（采购人员、采购经理及公司领导等），设置不同的操作权限，实现采购业务分权管理
信息管理	通过统一的平台管理整合供应商的基本信息、物料或产品信息，实现全平台的供应商资源共享；对于独立的采购企业，所有采购订单和采购结果也可同步共享，实现过程实时监控
在线交易	包括基于供应商物料或产品目录的订单交易和基于洽谈方式的招标与询价。一、供应商通过自助式目录管理，将自己的物料或产品的名称与价格上传到电子采购平台，采购方通过目录自行搜索，快速查找和对比物料或产品，认可供应商的价格后可直接创建目录订单，供应商接到订单后马上生产或送货；若对供应商的价格不满意，可转至洽谈，进行招标采购。二、可进行简单物料或产品的招标，也可进行复杂项目的招标。采购方根据不同采购需求创建不同招标业务，进行多种招标业务组合，录入技术和商务要素，设置招标需求说明，通过电子采购平台向供应商提交招标文件，供应商直接登录平台回应报价，系统自行监控投标活动，并分析统计投标优先次序，报价结束后选择中标供应商。三、平台操作流程与招标基本一样

续表

功能	说明
智能报表分析	平台自动实现按照不同物资种类、不同供应商、不同交易时间和不同交易方式的采购数据的汇总以及节省金额的分析，使企业和供应商在整个平台交易中跟踪主要的采购活动。这样，企业可得到最新的采购和招标采购活动的概况，包括整个业务流程的追溯

通过采购信息共享平台，企业与供应商之间形成了高效的采购管理模式，具体有如下一些作用。

◆ 采购信息发布迅捷、公开且通畅，能有效扩大竞价范围，确保采购物料的质量合格、价位适中。

◆ 采购过程透明化，使过程中的关键环节全部实现标准化和电子化，有效提高采购效率，缩短采购周期。

◆ 可建立高效的供应商伙伴体系，全面保障企业物料的供给。

◆ 利用电子交易采购平台提供的智能分析功能，企业能根据市场行情和公司内部的物料需求状况，做出正确的采购决定，真正实现战略性采购。

上述作用的存在，体现出采购信息共享平台可有效促使采购企业缩短采购周期，提高采购工作的实施效率。

读 者 意 见 反 馈 表

亲爱的读者：

感谢您对中国铁道出版社的支持，您的建议是我们不断改进工作的信息来源，您的需求是我们不断开拓创新的基础。为了更好地服务读者，出版更多的精品图书，希望您能在百忙之中抽出时间填写这份意见反馈表发给我们。随书纸制表格请在填好后剪下寄到：北京市西城区右安门西街8号中国铁道出版社综合编辑部 张亚慧 收（邮编：100054）。或者采用传真（010-63549458）方式发送。此外，读者也可以直接通过电子邮件把意见反馈给我们，E-mail地址是：lampard@vip.163.com。我们将选出意见中肯的热心读者，赠送本社的其他图书作为奖励。同时，我们将充分考虑您的意见和建议，并尽可能地给您满意的答复。谢谢！

- -

所购书名：_____

个人资料：

姓名：_____ 性别：_____ 年龄：_____ 文化程度：_____

职业：_____ 电话：_____ E-mail：_____

通信地址：_____ 邮编：_____

- -

您是如何得知本书的：

□书店宣传 □网络宣传 □展会促销 □出版社图书目录 □老师指定 □杂志、报纸等的介绍 □别人推荐
□其他（请指明）_____

您从何处得到本书的：

□书店 □邮购 □商场、超市等卖场 □图书销售的网站 □培训学校 □其他

影响您购买本书的因素（可多选）：

□内容实用 □价格合理 □装帧设计精美 □带多媒体教学光盘 □优惠促销 □书评广告 □出版社知名度
□作者名气 □工作、生活和学习的需要 □其他

您对本书封面设计的满意程度：

□很满意 □比较满意 □一般 □不满意 □改进建议

您对本书的总体满意程度：

从文字的角度 □很满意 □比较满意 □一般 □不满意
从技术的角度 □很满意 □比较满意 □一般 □不满意

您希望书中图的比例是多少：

□少量的图片辅以大量的文字 □图文比例相当 □大量的图片辅以少量的文字

您希望本书的定价是多少：

本书最令您满意的是：

1.
2.

您在使用本书时遇到哪些困难：

1.
2.

您希望本书在哪些方面进行改进：

1.
2.

您需要购买哪些方面的图书？对我社现有图书有什么好的建议？

您更喜欢阅读哪些类型和层次的理财类书籍（可多选）？

□入门类 □精通类 □综合类 □问答类 □图解类 □查询手册类

您在学习计算机的过程中有什么困难？

您的其他要求：